MANUEL
DE
L'APPRENTI-MOULEUR

Principes du moulage en fonderie

PAR

G. MILOT

Ing. A. et M.

Chef des travaux à l'École Pratique de Charleville.

PARIS
E. DOUBAL
15, BOULEVARD SAINT-GERMAIN

1926

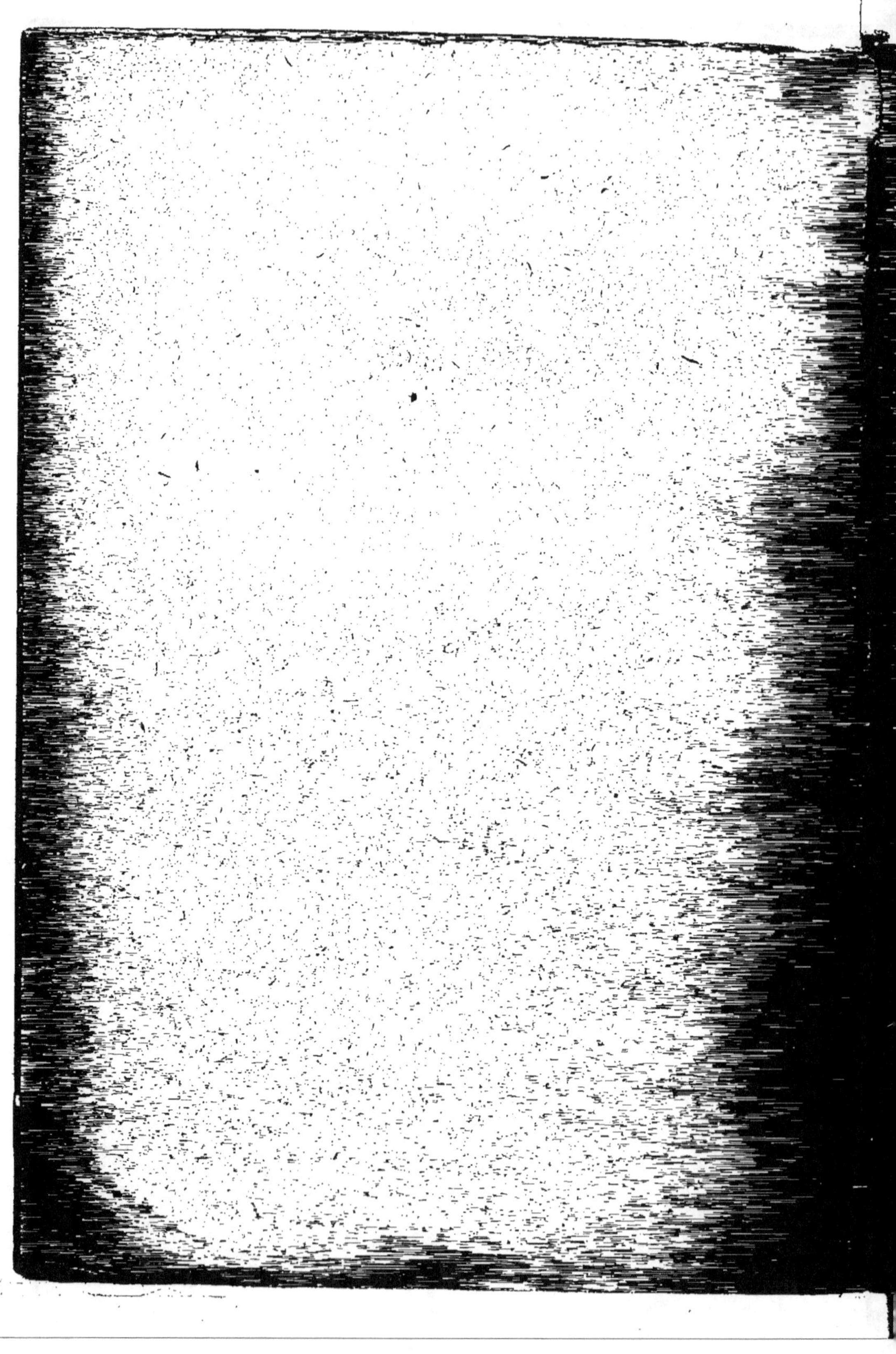

MANUEL de

L'APPRENTI MOULEUR

MANUEL

DE

L'APPRENTI MOULEUR

Principes du moulage en fonderie

PAR

C. MIJOT

Ing. A et M.

Chef des travaux à l'École Pratique de Charleville.

PARIS

J. LOUBAT

15, BOULEVARD SAINT-MARTIN

1926

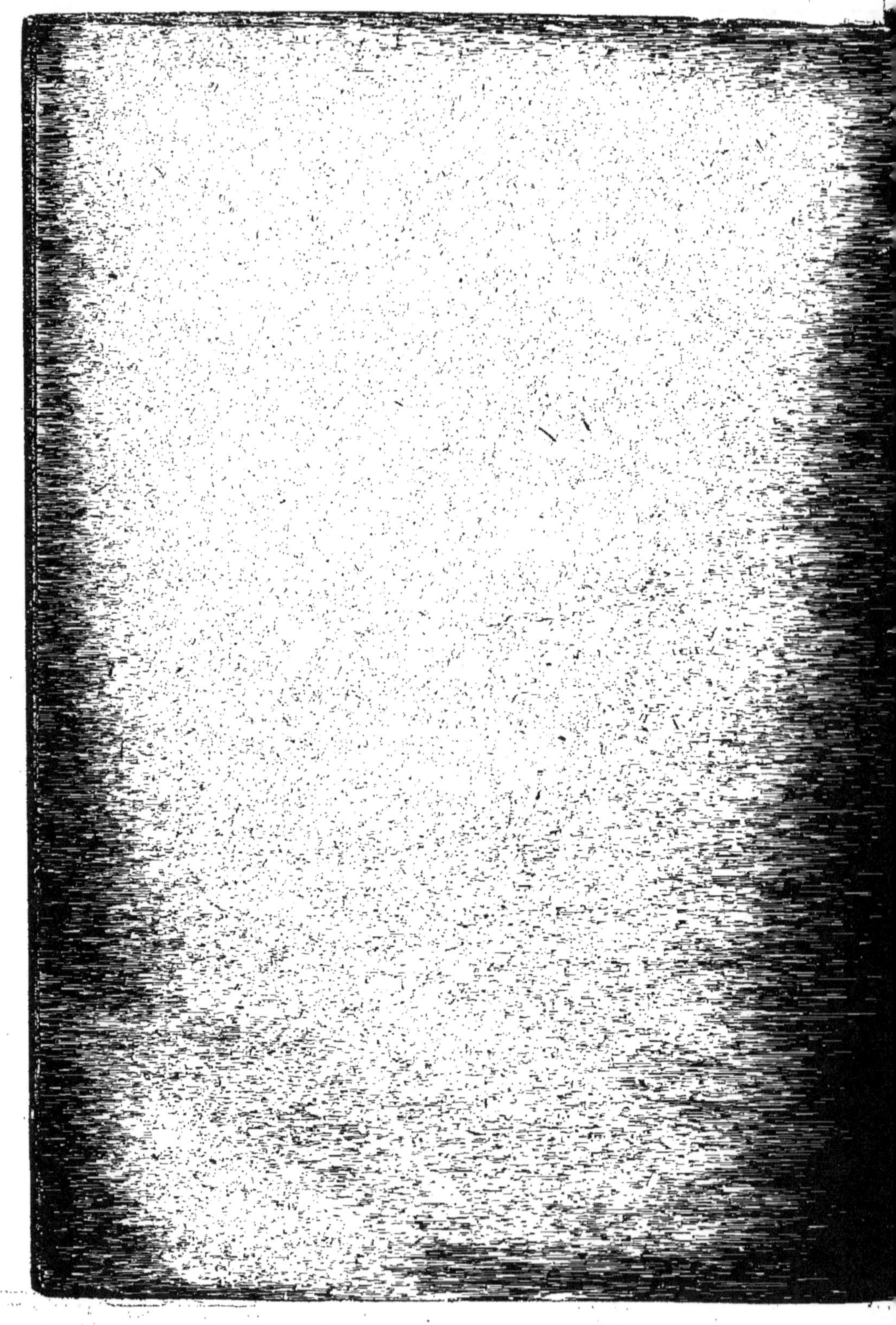

NOTE DE L'AUTEUR

Il existe un grand nombre d'ouvrages scientifiques ou de vulgarisation traitant de la fonderie en général, mais aucun ne semble s'adresser à l'apprenti de cette profession. C'est donc uniquement à l'apprenti mouleur que ce petit livre est destiné ; il renferme les éléments nécessaires à la formation du métier de mouleur à la main, un des plus beaux, où l'intelligence trouve à s'employer par suite de la diversité du travail et de la réflexion demandée dans chaque mise en chantier d'un travail nouveau.

Dans un métier aussi complexe que celui du mouleur, le cadre restreint de ce livre n'a permis d'envisager que la progression de connaissances minima qu'un apprenti mouleur doit acquérir, au fur et à mesure de l'avancement de son apprentissage, pour devenir un bon mouleur à la main capable de concevoir et réaliser un travail sérieux. De tels ouvriers sont et seront toujours recherchés par l'industrie.

C. Mijot.

PREMIÈRE PARTIE

CHAPITRE I

NOTIONS PRÉLIMINAIRES

Le moulage est un procédé de fabrication qui consiste à obtenir des pièces métalliques par la coulée d'un métal en fusion qui remplit le creux ou évidement d'un moule formé généralement en sable dans lequel ce métal se solidifie plus ou moins rapidement suivant sa température de coulée, le volume et la forme de la pièce coulée. Le moule est obtenu le plus souvent au moyen d'un modèle en bois ou en métal construit pour obtenir les dimensions et la forme des pièces désirées. Autour de ce modèle disposé judicieusement, on serre le sable, qui constitue le moule proprement dit, dans un châssis généralement en fonte. Pour pouvoir retirer le modèle du moule, il faut, dans les cas simples, que le moule puisse se séparer en deux parties au moins, de sorte qu'un châssis comprend deux ou plusieurs parties superposées, se séparant facilement et pouvant se remettre exactement en place, grâce à des goujons portés par les oreilles d'une ou plusieurs parties et qui viennent s'engager dans des trous en regard pratiqués dans des oreilles correspondantes portées par l'autre ou les autres parties dont l'ensemble forme le châssis.

De plus, le modèle doit être fait « *en dépouille* », c'està-dire que toutes les parties extérieures qui sont prises dans le sable doivent 1° diminuer de dimensions de part et d'autre de la séparation du châssis et pouvoir se retirer du moule à la façon d'un cône enfoncé par la pointe;

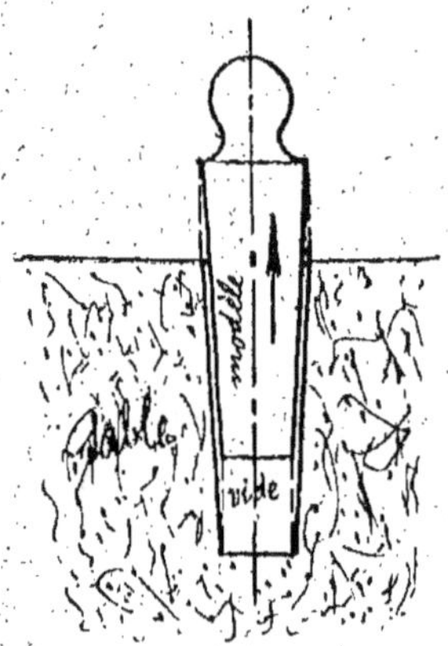

FIG. 1.
Notion de la dépouille.

2° ne pas porter de parties fixes rentrantes ou débordantes qui arracheraient le sable, soit en démoulant la partie supérieure du châssis, soit en retirant le modèle du sable (fig. 1). Cependant, la dépouille ne doit pas être accentuée au point de déformer la pièce, mais simplement pour permettre au modèle de sortir du sable sans arracher le moule; elle est d'environ 1 % pour les petits modèles et 1/2 % pour les gros.

Cette dépouille doit exister au-dessus et au-dessous de la ligne de joint du moule, ligne correspondant à la surface plane ou gauche de séparation des parties du moule et délimitée généralement par le plus fort périmètre du modèle et en suivant les sinuosités que peut comporter ce dernier (fig. 2).

Tous les modèles n'ont pas besoin de dépouille; par exemple : les parties cylindriques ou coniques, quand on peut les mouler en long, et les formes prismatiques convexes en faisant la ligne de joint suivant deux arêtes opposées.

La ligne de joint doit toujours se prendre, quand c'est possible, à la base d'une section du modèle, de façon à ce qu'elle ne soit pas trop apparente et qu'elle puisse facilement s'ébarber sur la pièce coulée.

D'ailleurs, la confection des modèles doit être faite en vue de la possibilité et de la facilité du moulage, ce qui nécessite de la part de l'ouvrier modeleur une connaissance sérieuse des procédés de moulage ; cet ouvrier créa-

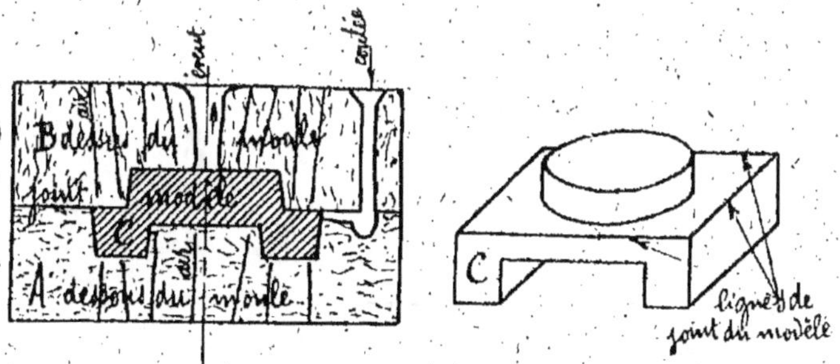

FIG. 2.
Moule coupé montrant la dépouille accentuée de la pièce C
par rapport à la ligne de joint.

teur doit, d'après un dessin ou une pièce, donner à son modèle, les formes et dimensions nécessaires, tenir compte de la dépouille et du retrait, voir la position de celui-ci dans le moule et la manière d'opérer le moulage de la pièce.

De même, le mouleur doit, avant tout travail, examiner un modèle nouveau qui lui est remis au point de vue de la ligne de joint, de la dépouille, des évidements à faire venir par noyaux, des parties démontables du modèle, des emplacements de coulée et d'évents et enfin du choix du châssis. Mais le mouleur aura souvent l'occasion de lire un dessin, par exemple, pour le placement de noyaux, et surtout pour le moulage au trousseau circulaire ou linéaire et pour le moulage sans modèle de plaques ou de pièces coulées à découvert.

CHAPITRE II

SABLES ET MATÉRIEL DE SABLERIE

Le sable est la matière première qui forme le moule ou enveloppe du vide destiné à constituer la pièce. Il provient, suivant les régions, soit de sablières, soit de carrières où on le trouve par bancs entre les lits de pierre. Sa couleur est jaune ou rougeâtre suivant sa provenance.

La qualité du sable est très importante ; d'elle dépend la réussite des pièces coulées. A l'état brut, il doit être réfractaire, poreux, à grain anguleux fin, plastique étant légèrement humide, onctueux au toucher. Sa composition, qui doit être bien homogène, est d'environ 85 % de silice et 15 % d'alumine et d'argile et il contient des traces d'autres corps tels que : chaux et oxydes de fer, qui sont nuisibles à la composition du sable, à cause des composés chimiques qu'ils donnent avec la silice et l'alumine au moment de la coulée du métal, en amenant la formation de laitiers très fusibles, qui souvent restent adhérents à la surface des pièces coulées, et peuvent faire rebuter ces dernières.

La *silice*, qui constitue la majeure partie du sable, forme l'enveloppe réfractaire du moule ; elle est décapante, c'est-à-dire qu'elle empêche le métal en fusion de s'oxyder au contact du moule.

L'alumine a les mêmes propriétés que la silice.

L'argile adoucit le sable, en liant les cristaux de silice et d'alumine, et lui donne sa consistance et sa plasticité ; une proportion d'argile trop grande est nuisible, parce qu'elle rend le sable trop compact, diminue sa porosité et gêne le dégagement des gaz qui se forment dans le moule au moment de l'introduction du métal en fusion. Il est d'un usage courant de mélanger au sable à préparer pour le *moulage à vert* (c'est-à-dire qui ne sera pas séché ultérieurement à l'étuve), une certaine proportion de *noir de houille* destiné à décaper les pièces à obtenir, c'est-à-dire à obtenir des surfaces propres sans adhérence de sable ; à cet effet, son emploi peut être réservé sans inconvénient à la portion de sable qui environne la pièce dans le moule. Il ne faut pas dépasser une proportion de 10 % de houille dans le sable, car les grains de houille brûlent en dégageant des gaz (hydrocarbures et autres), qui s'ajoutent aux autres gaz provenant des réactions du métal en fusion sur le sable, et donnent un volume trop grand de gaz difficile à évacuer en un temps très court, ce qui amène des poches de gaz entre le métal et le sable, produisant des refus et des tassements de métal.

Il est à remarquer, que pour le moulage à vert de pièces minces, le sable ne contient pas de houille, à cause du durcissement que prendraient ces pièces minces. La proportion de houille augmente avec la massiveté des pièces, jusqu'à atteindre *au maximum de 10%*.

Cependant, avec des sables très siliceux et décapants, on peut mouler des pièces massives avec du sable sans houille ; d'ailleurs, pour que le rôle de la houille soit efficace, il faut qu'elle soit de bonne qualité.

Il y a toujours intérêt à connaître la composition exacte

du sable brut que l'on emploie couramment et, à cet effet, une analyse chimique faite dans un laboratoire bien outillé, tel que celui du Conservatoire national des Arts et Métiers à Paris, est de la plus grande utilité pour permettre certaines corrections ou mélanges qui donneront sûrement les meilleurs résultats.

PRÉPARATION DU SABLE

Le sable brut n'est pas employé tel quel ; on le prépare de la façon suivante par opérations mécaniques toutes les fois que la fonderie a quelque peu d'importance, les procédés mécaniques donnant de meilleurs résultats au point de vue rendement en quantité, économie de main-d'œuvre et qualité du sable préparé. La préparation à la main par pilonnage, roulage, etc..., étant désuète, n'est plus employée que par des artisans travaillant isolément.

1° **Séchage.** — Le sable brut est emmagasiné, à l'abri des intempéries, sous des hangars ou cases aérées, facilement accessibles. Bien que certaines fonderies l'emploient sans le sécher quand il n'a pas un excès d'humidité, il est d'un usage courant de le sécher. Dans les petites installations, on étend le sable brut en couche de 5 à 10 centimètres au-dessus de l'étuve à noyaux ; ce procédé rudimentaire a l'inconvénient grave de donner un séchage inégal : la partie en contact direct avec l'étuve a été en quelque sorte brûlée, ce qui lui fait perdre de la plasticité. Une température de 70 à 80° est généralement suffisante pour le séchage du sable. Il a été étudié, pour les installations importantes, des sécheurs rotatifs.

2° Broyage. — Cette opération se fait avec des machines mues mécaniquement, appelées *broyeurs-malaxeurs*. Elles se ramènent toutes au type suivant : une cuve ronde assez plate, dans laquelle on place 3 à 5 centimètres d'un mélange (à la pelle) comprenant un tiers de sable brut ou séché, deux tiers de sable vieux ayant déjà servi et du noir de houille si c'est nécessaire, le tout humecté d'eau ; la cuve tourne et, à l'intérieur, deux ou plusieurs rouleaux lisses ou cannelés, libres ou guidés, écrasent les mottes de sable que retournent des raclettes ou versoirs à dents, qui labourent et mélangent le sable de la cuve, pour opérer le *frottage* des grains de sable et l'empêcher de se durcir par couches.

L'opération demande cinq à six minutes, pour broyer le sable destiné à mouler des pièces moyennes, et huit à dix minutes pour les sables forts dits sables d'étuve.

3° Mélange. — La préparation du sable provenant du broyeur est achevée dans *une machine appelée diviseur*, formée de deux disques ou plateaux verticaux armés de dents ou broches assez rapprochés, et tournant *l'un en face de l'autre*. On jette le sable dans une trémie qui le laisse tomber sur les broches ; il se trouve ainsi réduit en une sorte de cendre qui rend le sable plus poreux et plus léger et à grains plus uniformes de grosseur et d'homogénéité ; on recommence l'opération plusieurs fois de suite, pour avoir du sable de plus en plus fin et mélangé, c'est-à-dire homogène. En sortant du diviseur, le sable est appelé sable neuf.

Une poignée de sable neuf, serrée dans la main, doit conserver la forme donnée, en laissant apparaître bien nettement à sa surface, les empreintes de la main ; il doit être humide juste pour conserver sa plasticité ; un sable trop humide produit des pièces à surface granuleuse et donne trop de compacité à la surface du moule, ce qui gêne le dégagement des gaz et amène des soufflures et porosités dans le métal.

Il existe d'ailleurs des appareils spéciaux, appelés *mouilleurs*, destinés à donner au sable l'humidité nécessaire et suffisante.

Sableries automatiques et manutention mécanique du sable. — Dans les fonderies où la consommation de sable est importante, il est fait usage de sableries automatiques, dans lesquelles la manutention du sable est assurée mécaniquement entre les différents appareils de sablerie, ainsi que le transport du sable dans les ateliers de moulage. On se sert à cet effet de distributeurs à godets verticaux ou inclinés et de transporteurs à palettes.

Ces installations réduisent au minimum les frais de manutention et n'exigent qu'un emplacement horizontal restreint malgré leur grande production.

On adjoint souvent, dans les sableries, des tamis rotatifs ou à secousses, destinés à trier les déchets contenus dans le sable vieux avant de le faire repasser aux machines.

Le *sable neuf* fabriqué par les machines est employé pour être serré directement autour du modèle et on remplit le châssis avec du sable ayant déjà servi ; cependant, le *sable brûlé*, c'est-à-dire celui qui a été en contact direct avec le métal en fusion, et qui est durci, n'est plus employé pour d'autres moulages ; on s'en débarrasse, car il n'est plus plastique.

On améliore le *vieux sable* en le mélangeant à du sable brut et on travaille le tout aux machines à sable.

NOTA. — Il existe une très grande diversité d'appareils de sablerie et nous recommandons à cet effet de vouloir bien se reporter, pour une documentation plus complète, aux catalogues des constructeurs contenant des renseignements intéressants surtout au point de vue encombrement, caractéristiques, production, puissance absorbée, etc.....

SABLES EMPLOYÉS

Dans une fonderie on doit posséder les sortes de sable suivantes :

a) du *sable brut maigre* qui contient peu d'argile ;

b) du *sable brut fort* qui contient plus d'argile que le précédent ;

c) du *sable neuf*, préparé par les machines, contenant de 0 à 10 % de noir de houille, pour les pièces *coulées à vert*, c'est-à-dire dans des moules non séchés à l'étuve ;

d) du *sable neuf* sans houille, destiné aux pièces dont les *moules* sont *étuvés*, l'isolement du métal en fusion et du sable étant obtenu par la couche de *plombagine* ou de *noir d'étuve* (glaise et noir végétal) délayé dans l'eau et appliqué au blaireau sur toute l'empreinte du modèle dans le moule ;

e) dn *vieux sable* non brûlé réemployé après mélange avec du sable brut pour le remplissage des châssis.

Pour les noyaux, suivant l'importance et la forme de ceux-ci, il y a lieu de préparer les sables suivants :

f) pour les petits noyaux ordinaires, on prend une rtie de sable jaune fort, sans houille, auquel on ajoute trois parties de sable maigre pour faciliter le dégagement des gaz et leur désagrégation d'après les pièces coulées.

g) pour les fabrications de noyaux en série, on peut se servir de sable dit *sable à la mélasse*, préparé d'après les proportions suivantes :

Sable blanc sec (silice presque pure) . . . 10 litres
Sable jaune de carrière sec . . . . 10 —
Huile de lin . . . . 1 —
Avebeine ou vevcine (1) . . . . 1 —

Ce sable doit être bien malaxé et, au séchage à l'étuve, les noyaux doivent être portés à une température suffisante pour qu'ils aient une teinte brune :

h) pour les grosses pièces, on se sert de noyaux tournés, taillés ou formés en *terre* composée de :

une partie de sable fort,
trois parties de sable vieux,
une partie de crottin de cheval,

le tout bien malaxé et mélangé dans un bassin ad hoc et suffisamment humide pour être consistant ;

i) pour les noyaux de construction délicate, de formes compliquées et de faible épaisseur, dont le dégagement des gaz et la vidange après la coulée sont difficiles, par exemple, pour les noyaux de cylindres d'automobile, on emploie le mélange suivant :

Sable blanc bien sec. . . . . 18 litres
Huile de lin . . . . 1 —
Farine de seigle . . . . 1 —

Les noyaux obtenus par ce procédé sont très fragiles

(1) A. V. B. N. Liquide servant d'agglutinant avant le séchage.

avant d'être étuvés ; après cuisson d'une heure au moins
de 280 à 350°, ils prennent une couleur brun clair, sont
très maniables, très poreux et ressemblent à une poterie
de grès à gros grain non vernie ; ils peuvent facilement se
râper à la lime, si besoin est de les rectifier ; dans les
pièces coulées, le choc d'un marteau désagrège facilement
le noyau qui tombe en poussière. Les noyaux faits avec
cette composition ne nécessitent généralement pas d'armature ni de trous d'air, à cause de leur porosité extrême.
Ils n'ont qu'un inconvénient : c'est que la surface du
métal, entourant les cavités obtenues par ces noyaux, est
rugueuse. De plus, ce sable coûte plus cher que le sable
ordinaire. Son emploi doit donc être judicieusement
réglé.

Pour la préparation des sables à noyaux, il est fait
usage de petits malaxeurs-pétrisseurs.

CHAPITRE III

OUTILLAGE DU MOULEUR

Pour travailler, le mouleur se sert du matériel de la fonderie qui est commun à tous les ouvriers et change suivant le travail à exécuter : châssis divers, armatures, grues, etc...

Dans l'atelier, il a sa place fixe, son *chantier*, plus ou moins étendu comme surface, avec, contre un mur, une table solide en bois, ayant 60 centimètres de hauteur environ, recouverte d'une tôle épaisse ou d'une plaque de fonte lisse, ayant une étendue assez grande pour poser les châssis qui lui serviront à mouler les petites et moyennes pièces, les grands châssis étant moulés à terre au-dessus de la table, se trouve une armoire ou des rayons pour ranger ses outils à main. Il a encore à sa disposition un outillage de chantier, comprenant une pelle à sable, un arrosoir, des tamis à sable à mailles différentes, un marteau, un fouloir, une pilette, une batte plate, un soufflet à main, une balayette, des boîtes ou pots à huile de lin, à noir d'étuve et à eau, avec leurs pinceaux respectifs, des clavettes pour fermer et immobiliser les parties de châssis, des clés et des boulons pour la fixation de barres mobiles aux châssis, une boîte à pointes de mouleur, etc...

Les outils à mains qui lui sont personnels, et souvent lui appartiennent, sont en acier ou en bronze, parfaitement polis dans leurs parties actives ; ce sont :

les *truelles* pour tailler le sable grossièrement ou lisser les surfaces planes des moules,

les *spatules, gouges, crochets* et *colonnes*, pour tailler, raccorder et lisser le sable,

les *lissoirs, casques* et *cuillères*, pour lisser les congés ou les angles en contre-bas.

Ces outils affectent des formes et des dimensions variant à l'infini, suivant le travail à exécuter (voir leurs formes et dimensions sur un catalogue). Le mouleur possède encore un *jeu d'aiguilles à tirer de l'air* pour le dégagement des gaz dans les moules et noyaux, une soufflette ou pulvérisateur pour humidifier la surface du sable des moules dans certains cas ; un compas d'épaisseur pour la vérification des noyaux tournés à la main,

un *compas maître de danse* pour le placement des noyaux verticaux dans le moule,

un *compas à pointes* pour les tracés qu'il aurait à faire,

un *mètre ordinaire* et un *mètre à retrait* pour les dimensions à prendre, soit sur les pièces, soit sur les modèles ou trousses,

un *miroir à main* pour refléter la lumière dans les creux et portées au fond des moules, afin de s'assurer qu'il n'y reste pas de sable arraché ou pour réparer les arrachures en ces endroits,

des *tiges à ébranler* les modèles,

des modèles de *formes de coulée* en bois ou en caoutchouc,

des *sacs à noir* et à isolants,

un blaireau fin (queue d'écureuil) pour retirer le sable adhérent aux modèles,

un *fouloir* et une *pilette*, pour le serrage du sable,

une *raclette* en fer plat ou cornière, pour niveler l'extérieur des châssis,

une *pince* à couper le fil de fer, pour confectionner les petites armatures,

un jeu de petits *maillets*, un jeu de *tournevis*, etc...

CHAPITRE IV

MOULAGE SIMPLE EN DEUX PARTIES

Nous allons voir, dans ce chapitre les diverses phases du travail et les précautions à prendre pour confectionner les moules destinés à obtenir des pièces simples d'après modèles.

Choix du châssis. — Pour procéder au moulage d'une pièce, il faut d'abord choisir le châssis qui convient aux dimensions de cette pièce. Il ne faut jamais prendre un châssis trop petit, dans lequel le modèle arriverait trop près des bords, car on ne pourrait pas serrer suffisamment le sable entre les bords et le modèle; ce sable ne tiendrait pas et tomberait, soit en démoulant le modèle, soit en coulant le métal; de plus les parties de la pièce avoisinant les bords seraient soufflées, les gaz étant renvoyés alternativement du châssis à la pièce au moment de la coulée. Il ne faut pas prendre non plus un châssis trop grand, afin de ne pas avoir à manier plus de sable qu'il n'en est besoin. Le fond du moule doit être suffisamment haut pour que le sable, au-dessous du modèle, se tienne de lui-même et qu'au moment de la serre, il n'acquière pas une trop grande compacité qui empêcherait le dégagement des gaz. Si le châssis a trop de surface et si l'on craint un fléchissement du sable du moule, on emploie un châssis à barres pour empêcher ce fléchissement. Dans certaines fabrications en série, les châssis ne sont pas toujours rectangulaires, mais affectent la forme des pièces à mouler : circulaires, triangulaires, à joints brisés, etc... pour diminuer le volume de sable à manier.

Les bases des parties du châssis sur la séparation doivent être rabotées ou dressées à la meule pour éviter tout mouvement de bascule ; les goujons doivent aller à fond sans jeu.

Les châssis sont toujours construits en série ; il serait donc désirable qu'ils fussent interchangeables, de façon à pouvoir monter n'importe quelle partie à goujons sur n'importe quelle partie à oreilles de la même série ; il y aurait alors une économie de temps et de manœuvre dans le rangement des chantiers et le repérage serait inutile ; d'ailleurs sur les machines à mouler on ne peut employer que ces sortes de châssis interchangeables ; pour obtenir ce résultat, il suffit, au montage, de percer les trous en se servant d'un calibre-guide muni de cheminées de perçage amovibles.

Quand les goujons prennent du jeu dans les trous des oreilles correspondants, on met des goujons neufs, on ralèse les trous des oreilles et on coule dans ces trous de l'antifriction, après avoir mis les goujons et claveté les parties de châssis l'une sur l'autre (figure 3).

Les goujons des châssis servent à guider l'ouvrier quand il déplace deux parties de châssis l'une par rapport à l'autre, afin que ce déplacement, levée ou fermeture, se fasse parallèlement à leur séparation et que les remises en place successives amènent toujours la coïncidence parfaite des surfaces de séparation du moule ; à

cet effet, les goujons peuvent être légèrement coniques à l'extrémité, mais ils doivent posséder une portion cylindrique suffisamment longue pour sortir des oreilles une fois le châssis fermé, et guider la levée (fig. 4).

Mise en chantier de la pièce. Moulage de la 1re partie.

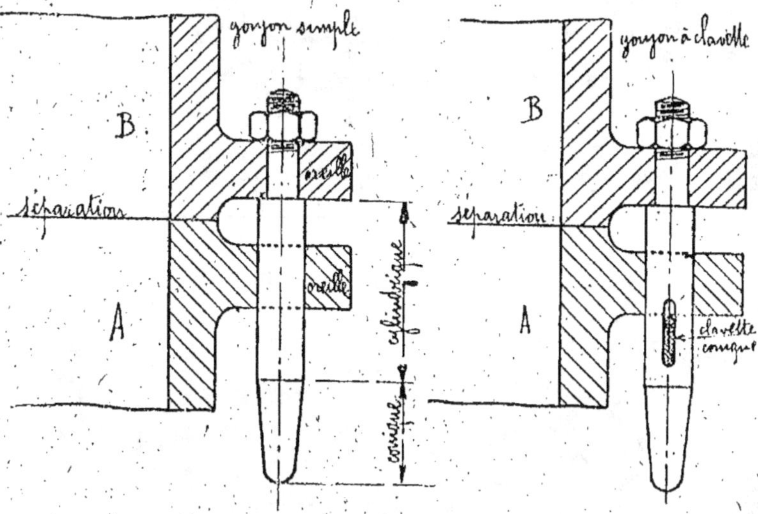

FIG. 4. — Goujons simple et à clavette.

Pour une pièce telle qu'un pied de trusquin dont la ligne de joint correspond au périmètre d'une surface plane sans relief on pose le modèle et la partie de châssis sans goujons, les oreilles vers le bas, sur une tablette en bois dur bien rabotée, de dimensions appropriées au travail, et appelée *fond* ; la surface commune du fond, du châssis et du modèle se trouve former la séparation du moule en deux parties (fig. 5) ; on met du sable neuf tamisé de

FIG. 5.
Placement de modèle plat sur le fond en bois.

FIG. 6.
Serrage du sable à la main autour du modèle.

manière à recouvrir largement le modèle, puis on serre
ce sable avec les doigts uniformément en suivant les
sinuosités du modèle ; (fig. 6) on remplit le châssis avec
du sable vieux que l'on tasse légèrement avec un outil
appelé *fouloir* ou *batte plate*, d'abord autour du châssis
et autour du modèle, en évitant d'approcher le modèle

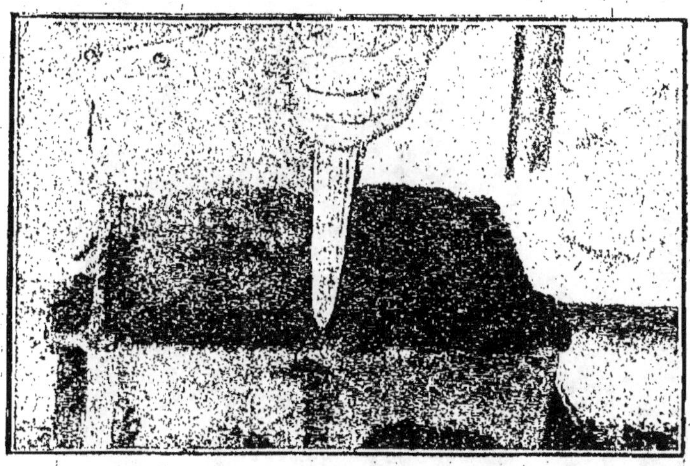

FIG. 7. — Première serre à la batte plate.

à moins de deux ou trois centimètres ; ceci constitue la
première serre ; on remplit à nouveau le vide formé
dans le châssis par la première serre, en mettant du sable
jusqu'au-dessus des bords du châssis ; on redonne une
deuxième serre aux mêmes endroits, mais plus fortement
que la première fois (fig. 7) ; on répand ensuite du vieux
sable uniformément et en quantité suffisante, pour
qu'après tassement uniforme sur toute la surface avec la

pilette ronde, le châssis soit plus que rempli (fig. 8), on râcle le sable affleurant le châssis avec une règle en fer

FIG. 8.

Tassement définitif et uniforme à la pillete ronde.

plat ou cornière (fig. 9), on tire de l'air (figures 10 et 14) on retourne le tout (châssis, modèle et fond ensemble); on enlève le fond, on *lisse* le joint avec une *truelle* (fig. 11) ou une *spatule*, de manière à obtenir une sur-

Fig. 2. — Raclage de l'excédent de sable.

face durcie et polie qui forme la *séparation du moule*.
Quand, au contraire, le modèle présente des reliefs de

chaque côté de la ligne de joint, on ne peut pas faire

Fig. 10. — Tirage de l'air.

reposer le modèle sur le fond en bois pour obtenir la
séparation du joint du moule ; il y a lieu alors de pro-

céder à la confection d'une *couche* donnant l'assise au modèle de la façon suivante : on emplit, avec du vieux sable, une partie de châssis portant les goujons, on le tasse avec le battoir, on râcle le sable, on lisse la surface et on fait la place du modèle à la spatule et à la truelle de façon à ce qu'il arrive sur la séparation, en prenant

FIG. 11. — Lissage du joint à la truelle.

toujours la ligne de joint aussi étendue et aussi plane que possible (fig. 12).

Cependant, il y a lieu de remarquer que si nous mettons du nouveau sable en contact avec le sable de la couche, les deux sables vont coller, adhérer ensemble ; en démoulant les deux parties du châssis, on arracherait le tout ; la ligne de joint et la séparation n'existeraient plus : le travail serait impossible.

Pour empêcher cette adhérence, il faut isoler les deux

sables sur la séparation par un enduit appelé *isolant*. Ces *enduits interposés* isolant les deux sables peuvent être :

1° du charbon de bois pulvérisé ou du vieux sable brûlé, broyé et tamisé, pour les pièces ordinaires.

2° du noir végétal pulvérisé, du talc pour les pièces

FIG. 12.
Préparation d'une couche en sable remplaçant un fond plat.

délicates et d'ornement devant venir très propres au moulage.

On répand une légère couche de ces matières sur la surface du joint et la partie apparente du modèle à l'aide d'une boîte à tamis ou d'un petit sac de toile dit *sac à noir*, contenant l'une de ces matières isolantes, et simplement secoué à la main au-dessus du moule pour en faire sortir un nuage poudreux qui se dépose sur la séparation lissée au préalable. La couche est finie.

C'est à partir de ce moment que l'on « emballe » le sable dans la première partie du châssis. Les deux parties engoujonnées bien à fond l'une sur l'autre, le moule se constitue dans cette première partie en la remplissant avec du sable et en opérant exactement de la même façon que l'on a opéré sur le fond en bois remplacé par la couche, à cause du relief de la pièce par rapport à la ligne de joint (figure 13).

Importance du serrage du sable du moule. — Le serrage du sable ou *serre* a une importance capitale pour la réussite des pièces. Si le sable est

Fig. 13. — Lignes de joint sinueuses et couches diverses.

trop serré sur les bases du modèle, il ne se laisse pas facilement traverser par les *gaz* qui se produisent dans le moule au moment de la coulée de la pièce, et le métal en fusion refuse de s'appuyer sur cette face en bouillonnant, ce qui donne des pièces à rebuter, car le métal n'a pas rempli complètement le vide et des bulles de gaz restent emprisonnées dans la pièce en y occasionnant des *souf-flures*. Cependant, quand les pièces à mouler sont de faible épaisseur et d'assez grande étendue, il convient de les serrer sur les bases, mais d'une façon absolument uniforme.

Le serrage varie suivant la forme des pièces et on ne peut guère donner de règle bien fixe pour cette opération qui change avec chaque genre de travail ; c'est là que l'initiative de l'ouvrier trouve à se manifester. Il faut remarquer toutefois que le sable doit être suffisamment pressé pour ne pas fléchir et se tasser sous le poids et les pressions diverses du métal coulé, car la pièce serait déformée.

Dégagement des gaz. — Au moment de l'intro-duction du métal en fusion dans le moule, la tempéra-ture du moule s'élève fortement, l'humidité du sable se transforme en vapeur d'eau toujours un peu acide qui attaque le métal et le sable ; il se forme alors des *réac-tions chimiques* accompagnées d'un abondant *dégage-ment de gaz* dont les principaux sont : oxyde de carbone, hydro-carbures, gaz sulfureux et phosphoreux suivant la nature du métal coulé et la composition du sable. Le moule étant rempli de métal, ces gaz ne peuvent brûler à l'intérieur sitôt leur formation, par suite du manque d'air, et il faut cependant s'en débarrasser, sans quoi il se produirait des soufflures dans la masse du métal par suite de l'emprisonnement de ces bulles de gaz, des refus de métal ou poches de gaz emprisonnées dans les contours des pièces dans les parties hautes du moule ou dans les changements brusques de section.

Pour permettre aux gaz de se dégager, on procède pendant le moulage, à l'opération dite *tirer de l'air*; pour cela, le serrage d'une partie étant terminé, on enfonce

Fig. 14.
Moule fini et coupe du moule d'un vé évidé montrant
les armatures et les trous d'air.

dans le sable du châssis une aiguille qui pénètre jusqu'à un centimètre environ du modèle ; en retirant l'aiguille, il reste un trou appelé *trou d'air* qui servira de conduit d'évacuation aux gaz. Il ne faut pas que l'aiguille arrive jusqu'au modèle, car le trou serait bouché par le métal en fusion et ne servirait à rien; de plus la pièce serait *piquée* et de laide apparence.

Il est nécessaire de faire plusieurs *trous d'air*, espacés de quelques centimètres, sur toute l'étendue du modèle dans les surfaces planes.

Toutefois dans les pièces présentant des parties rentrantes, telles que des vés évidés (fig. 14), il faut faire dégager le gaz dans les massifs de sable qui forment ces creux, pour éviter les soufflures, piqûres et pourritures à la surface, les *retassures* ou *refus*, de métal présentant la forme de godets sur la surface des pièces, ce qui diminue la résistance de ces dernières et leur donne mauvais aspect. Il est d'usage, quand on commence à couler le métal dans le moule d'allumer les gaz au sortir du châssis pour activer leur dégagement et s'en débarrasser rapidement ; on le fait avec un fer rouge promené autour de la séparation du châssis et sur le dessus ; l'allumage se propage rapidement à tous les trous d'air et est accompagné d'une légère explosion sans danger.

Moulage de la 2ᵉ partie. — La première partie étant moulée, on retourne le châssis ; on enlève la couche ou le fond et le modèle reste dans cette première partie. La couche en sable, dans ce cas, ne sert plus à rien, et on la *fonce*, c'est-à-dire que la partie de châssis qui a contenu la couche est débarrassée de son sable. On s'assure que le modèle est bien resté en place sur cette première partie ; on répare les arrachures du joint, s'il s'en est produit, par un léger apport de sable prélevé sur la séparation avec la spatule ; on relisse le joint ; on saupoudre d'isolant ; on place la deuxième partie vide sur la première, bien à fond et en *faisant soleil*, c'est-à-dire qu'en enfonçant les goujons dans les trous correspondants des oreilles on imprime toujours au châssis un léger mouvement tournant dans le sens de rotation des aiguilles d'une montre, pour éviter les *variations* de position que prendraient les deux parties de châssis l'une par rapport à l'autre chaque fois qu'elles seraient remises l'une sur l'autre après séparation ; cette variation proviendrait du jeu toujours possible entre les goujons et les trous des oreilles ; jeu que l'on détruit toujours dans le même sens en faisant soleil.

Armatures. — Quand dans un moule, la partie de dessus porte, en-dessous de la séparation, une masse de

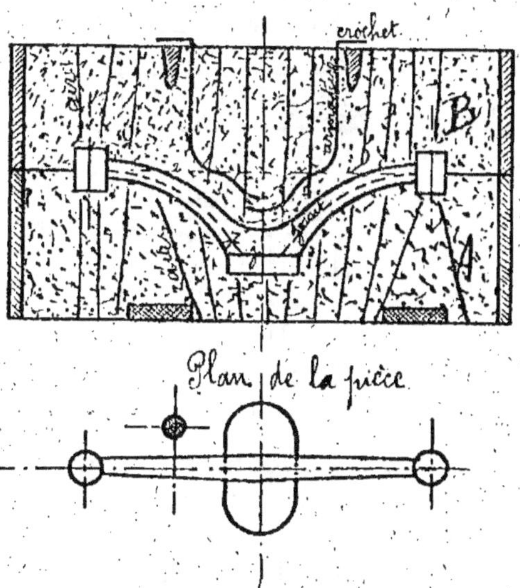

FIG. 15. — Joint sinueux et armature à crochets soutenant la masse de sable débordant de la partie de dessus.

sable débordant d'une hauteur assez grande, supérieure par exemple à trois ou cinq centimètres, suivant la con-

sistance du sable, on arme cette masse de sable suspen-
due, pour l'aider à monter avec le dessus, au moyen
d'*armatures* en fer ou en fonte que l'on appelle crochets.
L'arrêt supérieur de ces crochets se fait par appui sur
les barres du châssis ; la partie inférieure du crochet est
noyée dans le sable dans le voisinage du joint du fond du
creux du moule (fig. 15).

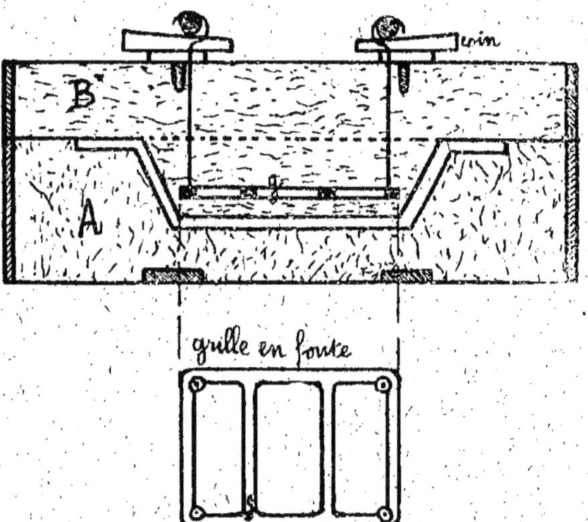

Fig. 16. — Grille en fonte formant armature.

Quand la surface du fond est une partie plane d'une
certaine étendue, on fait une armature ou grille en fonte
que l'on soutient par des crochets ou tirants vissés dans
des bossages portés par la grille ; ces tirants, dépassant
le moule, sont terminés par des anneaux fermés dans
lesquels, après le serrage du dessus du moule, on passe
des barreaux de fer rond que l'on cale par des coins en
bois sur la surface extérieure du châssis (fig. 16). Ces

grilles en fonte servent indéfiniment et on doit éviter de les casser en déballant les moules coulés.

Les armatures, s'il y a lieu, étant placées dans le vide de la deuxième partie de châssis, on place les formes de coulée et d'évent si ce dernier est nécessaire et, si le modèle est en relief des deux côtés de la séparation (cas d'une couche), il faut fixer sur ce modèle une tige en fer ou en

FIG. 17. — Disposition de coulée à l'emballage.

bois qui servira à ébranler le modèle pour faciliter sa sortie du moule, comme il sera expliqué plus loin (figures 17 et 18).

Cette préparation étant faite, on emballe la deuxième partie en effectuant le serrage du sable absolument comme on l'a fait pour la première partie, avec les mêmes précautions et les mêmes outils, puis on tire de l'air de la même façon. Dans le cas d'une pièce présentant des reliefs de chaque côté de la séparation du moule, on procède alors à l'ébranlement du modèle, le châssis étant fermé, pour décoller le modèle du sable dans chacune des deux parties du moule à la fois et faciliter la levée de la partie de dessus sans arrachures ; c'est ce que l'on appelle *ébranler entre deux sables*. Les formes de coulée et d'évent étant retirées, on lève avec précaution la partie de dessus et on la retourne sur la table ou à terre. Puis on taille l'attaque de coulée dans la partie de dessous, sur la séparation.

Fig. 18. — Disposition de forme de coulée C et de barre d'ébranlage E. Des trous d'air sont apparents dans le moule coupé.

CHAPITRE V

COULÉES, ÉVENTS

Formes des coulées. — La *coulée* est un trou légèrement conique qui se fait à côté du vide du modèle dans le sable de la partie de dessus, et, dans certains cas, il se prolonge à travers le sable de la partie du milieu, appelée chape, quand on moule dans un châssis en trois parties. Ce *trou de coulée* sert de conduite d'amenée dans le moule, du métal liquéfié par fusion.

La coulée se relie à la pièce par un canal qui aboutit en un endroit choisi suivant la forme de la pièce ; ce canal a une section relativement faible qui empêche les crasses ou impuretés du métal de pénétrer dans le moule et sert à épurer le métal qui se déverse régulièrement (fig. 19).

Le corps de la coulée est obtenu en emballant dans le sable, au moment du serrage de la partie de dessus ou de la chape suivant le cas, une forme qui est un cylindre de bois ou de caoutchouc durci, légèrement en dépouille, dont la grosseur est proportionnelle au volume de la pièce, mais suffisante pour éviter un déversement trop lent du métal qui donnerait de la fonte froide dans le moule ; cette forme, qui pose sur le joint du moule, est plus haute que la partie de châssis ; on l'enlève quand le serrage du sable est terminé. L'extérieur du trou de cou-

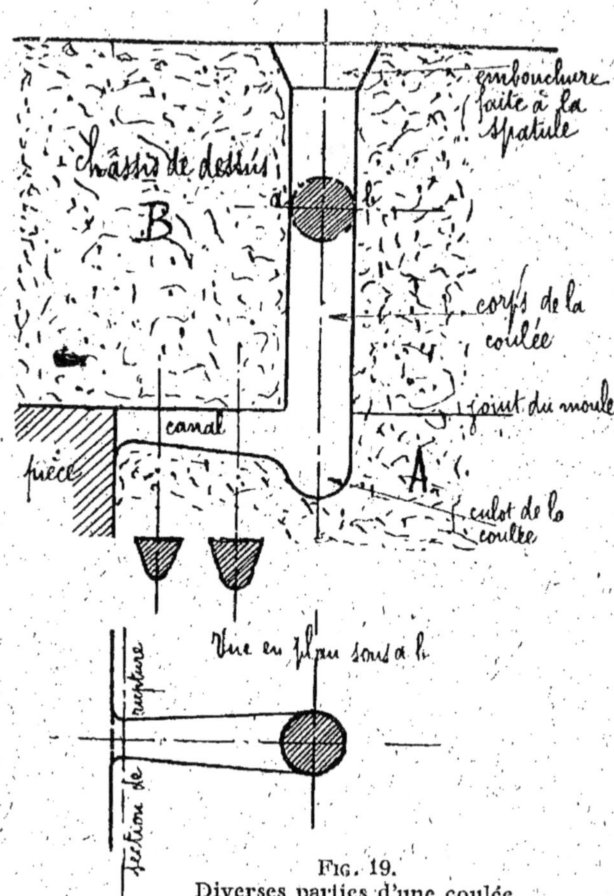

FIG. 19.
Diverses parties d'une coulée.

lée est évasé, après levée de la partie de châssis, en forme
d'entonnoir avec la spatule et la gouge pour faciliter
l'introduction du métal dans le moule, et on abat l'arête

de sable qui aurait tendance à se désagréger au passage du métal et qui entraînerait alors du sable dans le moule, ce qui donnerait des pièces malsaines.

La forme de la coulée laisse son empreinte en bout sur la séparation ; la coulée est taillée à la spatule et à la gouge dans le sable de la partie de dessous sur la séparation ; elle comprend : 1° un *culot* de coulée, creusé en prolongement du trou de coulée et destiné à recevoir les premières gouttes de métal fondu et à éviter l'éclaboussement qui produirait dans la pièce des gouttes de fonte trempée ; 2° le *canal* de coulée, reliant le culot à la pièce et qui a une section diminuant progressivement de manière qu'il y ait toujours pression de métal au déversement ; la section d'attaque se rattache par un léger congé extérieurement à la pièce, de manière à éviter les ruptures de jets de coulée empiétant sur la pièce à obtenir ; l'excédent de matière résultant de cette façon de procéder est ébarbé si c'est nécessaire.

Quand les pièces ont une grande surface et une mince épaisseur, on fait deux ou plusieurs coulées afin que le métal ne se fige pas, pendant le remplissage du moule et on verse le métal en fusion assez vite ; on le lance en quelque sorte en même temps par deux ou plusieurs coulées. De même, pour les grosses pièces, il est d'usage *d'attaquer* en plusieurs endroits en coulant, soit avec des creusets à main se succédant sans interruption, soit avec des poches manœuvrées à la grue ou au pont roulant.

Les pièces doivent être attaquées par les coulées sur une partie suffisamment résistante pour pouvoir casser les jets de coulée au marteau, sans risquer de détériorer la pièce ; ces jets se cassent, après refroidissement de la pièce, par un coup de marteau dirigé de façon à les ramener sur la pièce, pour éviter des cassures irrégulières qui pourraient entamer le corps de la pièce et la faire rebuter pour manque de matière.

Il faut éviter d'attaquer les pièces à l'endroit le plus massif, car cette partie, étant la plus volumineuse, conserve sa chaleur plus longtemps que d'autres parties moins volumineuses, qui ont peut-être intérêt à être réchauffées par le ou les jets de coulée, afin d'éviter des ruptures de pièces par l'effet du *retrait* à la solidification du métal.

Les formes des coulées varient suivant les pièces, mais on peut les ramener aux types suivants se rapportant à leur façon d'attaquer les pièces :

a) coulée ordinaire *à talon* en grain d'orge, convient pour pièces plates (fig. 20) ;

b) *coulée à talon carrée* : employées pour les pièces mécaniques (fig. 20) ;

c) *coulée en éventail :* convient pour les pièces minces attaquées sur le côté en deux endroits différents, mais par le même jet qui se divise pour activer le déversement et le répartir (fig. 20) ;

d) *coulée en grappe :* pour petites pièces moulées ensemble dans le même moule ; un jet central déverse la fonte dans des petits canaux aboutissant à chacune des pièces (fig. 20) ;

e) *coulée en étoile :* par exemple, quand on coule un cercle par l'intérieur ; dans ce cas on a soin de mettre un nombre impair de branches à l'étoile pour qu'il y ait compensation d'effort au retrait de la pièce, ou alors il faut cintrer les canaux d'attaque pour qu'ils puissent fléchir (fig. 20) ;

FIG. 20.

Dans l'ordre : 1, coulées à talon ; 2, coulée à jet de crasse ; 3, coulée en coin ou coulée plate ;
4, coulée en éventail ; 5, coulée en grappe ; 6, coulée en étoile.

f) *coulée plate :* se fait sur la surface de la pièce quand on ne peut pas attaquer de côté ; la coulée a la forme d'un coin (fig. 20) ;

g) *coulée en source :* employée pour les pièces d'assez grande hauteur et qui doivent être bien saines, telles que les tubulures à segments : elle ne peut être employée que dans le cas d'un moulage en trois parties avec chape, le jet de coulée se prolongeant à travers la chape ; la pièce se trouve ainsi attaquée par dessous (fig. 21) ;

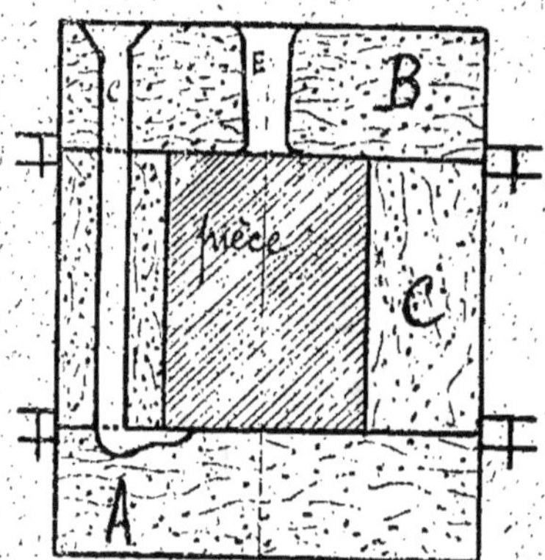

Fig. 21. — Coulée en source.

h) *coulée à jet de crasse* (fig. 23) : employée pour obtenir des pièces très saines telles que : volants, cylindres de machines, pistons, etc... ; elle se compose de deux jets dont l'un, le plus petit, sert à couler le métal comme à l'ordinaire, l'autre, plus gros, est placé au-dessus du canal reliant le jet à la pièce ; et sert à laisser remonter les crasses et impuretés qui seraient encore en suspension dans le métal ; c'est donc un jet d'épuration ;

i) *coulée multiple en hauteur :* employée pour les grosses pièces ; le jet est relié sur la hauteur du vide du moule par des canaux ; le métal se déverse d'abord par le canal du bas, le niveau du métal monte à l'intérieur du moule ; mais la surface se fige, pour la réchauffer et rendre de la fluidité au métal au fur et à mesure qu'il monte dans le moulele, métal venant du creuset ou de la poche se déverse successivementpar les canaux disposés en hauteur. Ce procédé a l'avantage de permettre au métal, conservé plus fluide dans sa masse, de prendre

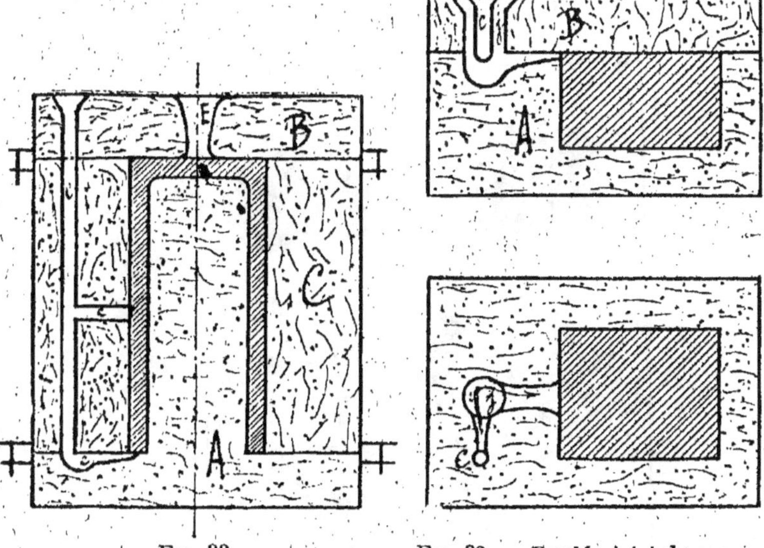

FIG. 22.
Coulée multiple en hauteur.

FIG. 23. — Coulée à jet de crasse.
c, coulée ; j, jet de crasse.

plus facilement la forme du moule et d'obtenir un dégagement facile des gaz (fig. 22) ;

j) *coulée en cornichon ou en crochet :* employée pour les petites pièces que l'on ne peut attaquer, ni par le côté, ni par une coulée plate sur le dessus, par exemple de petits engrenages à noyaux ; le jet de coulée descend jusqu'à la séparation du moule, et les canaux qui vont

le rejoindre sont faits avec une forme courbe fortement
en dépouille qui est emballée dans le dessous du moule
avec les modèles (fig. 24).

k) *coulée filtre* : elle se compose d'une lentille de sable
aggloméré et séché placée dans le fond de l'entonnoir du
trou de coulée ; elle est percée de trois ou quatre petits

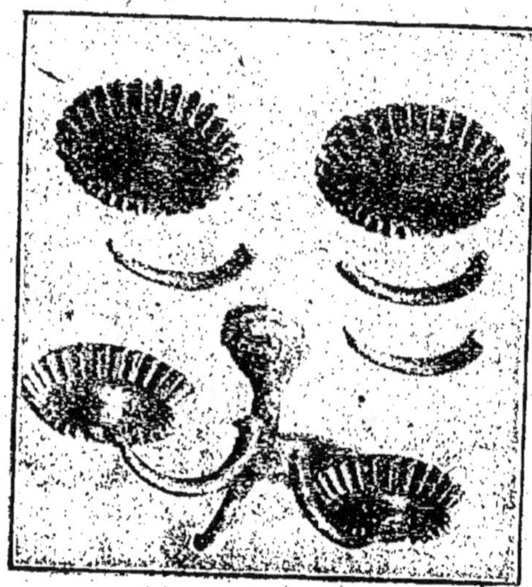

FIG. 24. — Coulée en cornichon.

trous divisant le jet de coulée, et elle tamise le métal
dans ce jet. Elle se fait en sable très réfractaire pour ne
pas être désagrégée au passage du métal ; elle est employée
pour obtenir des pièces à surfaces bien propres, exemptes
de piqûres et de pourritures (fig. 25).

l) *bassin à coulées multiples*. Quand on a à obtenir
des pièces dont la forme est sujette à amener des crass e

et pourritures à la surface, on est obligé de multiplier les
events, ce qui amène une grande dépense de main-d'œuvre
et de métal fondu inemployé ; aussi, on attaque la pièce à
la partie supérieure par une série de petites coulées, très
fines, cylindriques, de
8 à 15 millimètres de
diamètre, suivant le
poids de la pièce ; toutes
ces fines coulées
prennent naissance
dans un bassin de cou-
lée en sable aménagé à
la main sur le dessus du
moule, et affectant la
forme du périmètre sur
lequel sont réparties les
coulées multiples ; il est
nécessaire que la sec-
tion de ce bassin affecte
la forme d'un trapèze
dont la grande base est

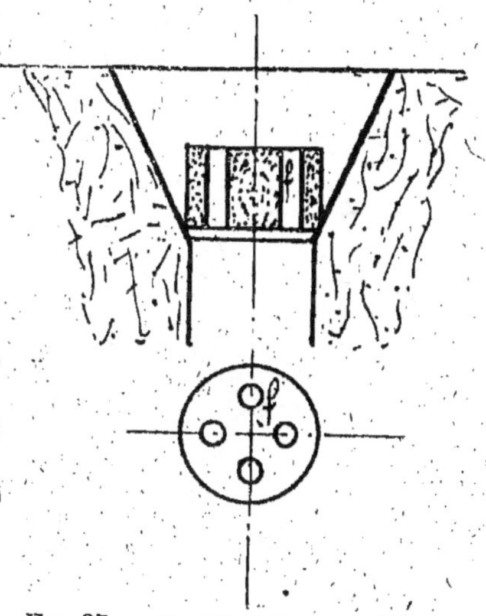

Fig. 25. — Coulée filtre ; f, filtre.

en bas et dont les angles sont arrondis pour provoquer le
remous de la fonte versée, ce remous ramenant la crasse
et les impuretés à la surface en ne laissant pénétrer dans
le moule que le métal épuré (fig. 26).

Évents. — Les gaz venant à la surface du métal en
fusion, surtout dans les pièces comportant des noyaux,
s'accumulent dans les cavités supérieures du moule et
empêchent le métal de remplir ces cavités, autrement dit
le *métal refuse*. Pour éviter cet inconvénient, il est nécessaire de faire plus que des trous d'air quand les moules

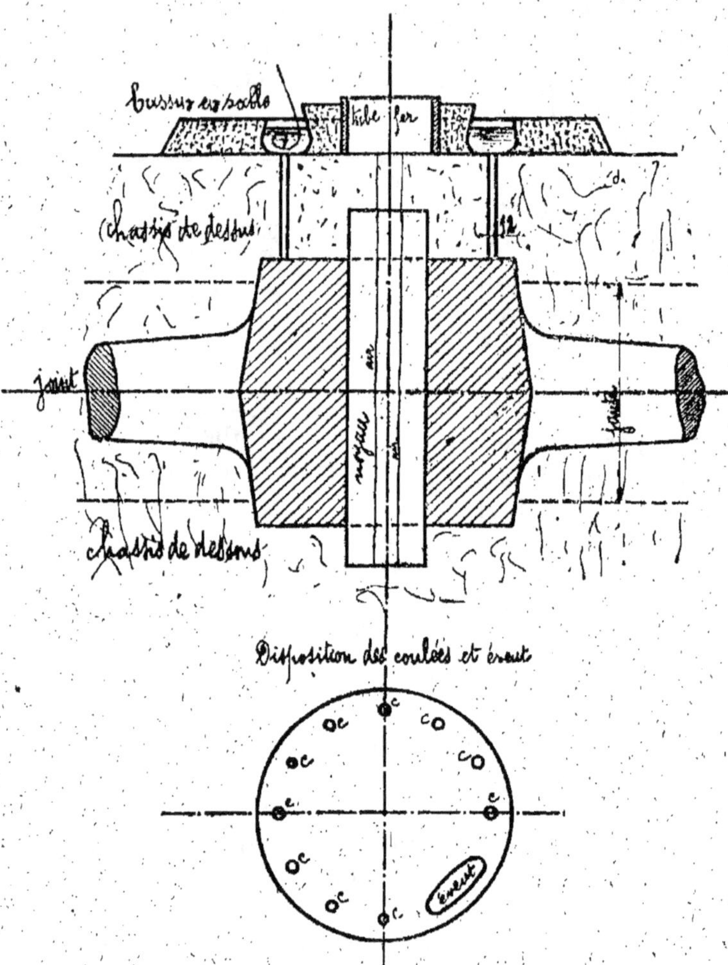

Fig. 26. — Bassin à coulée multiple.

sont un peu volumineux ; il faut placer des évents, sortes
de jets qui viennent en prolongement de la partie haute
de la pièce dans le moule et lui sont raccordés par une
section plus faible que leur corps permettant de les casser
facilement après refroidissement (fig. 27). Les gaz au
moment de la coulée s'échappent par l'évent en faisant
bouillonner le métal. Dans certains cas, l'évent peut servir de seconde coulée ou de *masselotte*, principalement
pour épurer les pièces de bronze.

De plus, au refroidissement des pièces, quand le métal

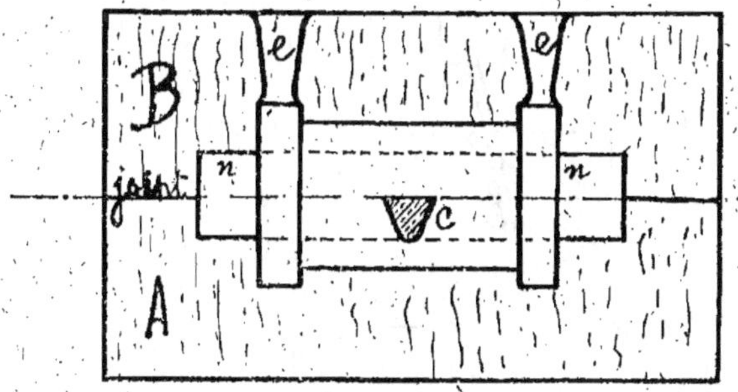

FIG. 27.
Events-masselottes sur un coussinet en bronze.

est encore pâteux, la contraction ou le retrait du métal
est partiellement compensé par une succion qui se produit dans l'évent, surtout s'il est massif (fig. 28).

Pendant la coulée, quand la fonte monte dans le moule,
il se produit une chasse d'air et de gaz qui forme un courant de l'intérieur vers l'évent et ce courant peut dégrader le moule aussi bien sur des angles de sable que sur
des parties planes, ce qui peut amener des dartres ou
galles à la surface de la pièce. Pour éviter ces arrache-
ments et entraînements de sable, il n'y a qu'à modérer le

courant d'air et de gaz, en couvrant l'évent avec une feuille de papier, de carton ou avec une planchette qui brûle ou se retire quand la fonte arrive à l'évent.

Dans les pièces massives et très volumineuses, par exemple un bâti de machine-outil, où certaines parties plus massives, telles que les portées d'arbre, sont plus vo-

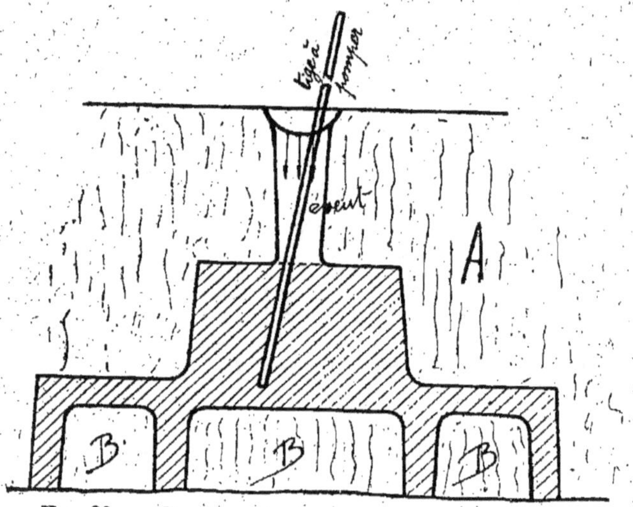

Fig. 28. — Succion de métal dans l'évent et action de pomper dans l'évent.

lumineuses que le reste de la pièce coulée, l'évent étant rempli, il se produit une succion importante des parties minces, à refroidissement plus rapide, sur les parties volumineuses encore bien chaudes et liquides ; cet appel de métal amène une diminution du volume des parties massives, et par suite un manque de métal ou tassement avec à la surface ou à l'intérieur des piqûres et pourritures qui en diminuent la résistance ; pour éviter cet inconvénient,

aussitôt l'évent rempli, le mouleur fait l'opération dite
« *pomper* » qui consiste à tasser et brasser le métal par
l'évent avec une tige de fer propre et chaude jusqu'à ce
qu'il soit figé tout en versant, au fur et à mesure du tassement, du métal bien chaud dans l'évent ; de cette façon,
il favorise l'échappement des poches de gaz qui pourraient rester en suspens dans le métal et remplace le métal
sucé par les parties minces dans le massif. Cette opération de « pomper » se fait également sur les pièces massives où l'on ne peut mettre des évents proportionnels à
leur volume, par exemple : une chabotte ou une jambette
de pilon.

CHAPITRE VI

EBRANLAGE, PEIGNES, ÉTUVAGE,
REMMOULAGE

Sortie du modèle. — Les formes de coulée et d'évent

FIG. 29.

Taillage des canaux de coulée en grain d'orge avec la spatule.

étant retirées, on lève avec précaution la deuxième
partie du châssis et on la retourne à côté de la première
qui reste sur la table ou à terre. Le modèle est encore

enserré dans la première partie ; à ce moment, on taille le canal et l'attaque de la coulée (fig. 29), puis on sort le modèle ; à cet effet, on *l'ébranle* afin de le détacher du sable ; cette opération se fait de la façon suivante : on fixe une tige ronde, pointue ou taraudée, dans le modèle qui porte un trou pour recevoir cette tige ; on donne sur

Fig. 30. — Ébranlement et sortie du modèle.

la tige latéralement, et dans tous les sens, de petits chocs avec un marteau, puis, après décollement du modèle, on enlève celui-ci verticalement avec précaution, en ayant soin de ne pas raccrocher les parois du moule (fig. 30). Le trou d'ébranlement (1) du modèle se place en un point aussi voisin que possible au-dessus du centre de gravité du modèle de façon à ce que ce dernier soit en équilibre,

(1) En fonderie on dit aussi bien ébranlage qu'ébranlement.

ou à peu près, quand on le lève ; dans les gros modèles, il peut y avoir plusieurs trous d'ébranlement dans lesquels on fixe des tiges à anneaux pour lever le modèle à la grue ; dans les petits modèles servant souvent, le trou d'ébranlement se détériorerait rapidement, mais les modèles portent des plaques de fer vissées, affleurant le modèle, et munies d'un trou d'ébranlement lisse ou taraudé.

Mouillage du sable au bord des modèles en bois. — Au moment de l'ébranlement des modèles en bois présentant peu de dépouille, l'angle du sable a tendance à suivre le modèle par adhérence et à former des arrachures par décollement, toujours délicates à réparer soigneusement ; pour éviter cette adhérence gênant la sortie du modèle, on passe un pinceau mouillé à l'eau, sur le sable, autour du périmètre du modèle, pour l'humidifier un peu et rendre ce sable plus glissant (Ces coups de pinceau sont visibles sur la fig. 29).

Il est inutile de mouiller quand les modèles en bois ont une dépouille très accentuée ou naturelle, par exemple un coussinet dont la séparation a lieu suivant deux génératrices diamétralement opposées.

Inutile également de mouiller le bord du sable du joint des modèles métalliques sur lesquels le sable a moins d'adhérence que sur ceux en bois. Il est à remarquer toutefois que le sable adhère plus aux modèles en bronze qu'à ceux en fonte.

Usage de la soufflette. — Quand un moule séjourne trop longtemps à l'air par suite de la longueur du travail, l'humidité superficielle du sable disparaît par évaporation naturelle, le sable devient moins plastique et s'effrite au passage des outils. Pour remédier à cet inconvénient, on humidifie à nouveau la surface du sable avec de l'eau pulvérisée à la bouche ou au moyen d'une soufflette ; on attend quelques instants avant de travailler pour que l'humidité ait le temps de pénétrer.

Ces soufflettes servent aussi pour :

1° souffler de l'huile quelconque sur les modèles disposés pour couler une couche en plâtre,

2° souffler de l'huile de lin à la surface des moules et noyaux qui doivent être étuvés et demandent une grande résistance,

3° souffler du noir liquide dans les endroits des moules où on ne peut passer le blaireau.

Dans les fonderies possédant une installation d'air comprimé, les soufflettes sont avantageusement remplacées par des pulvérisateurs. De même, les soufflets à main peuvent être remplacés par de petits soufflets à air comprimé.

Peignes. — Quand dans un moule il existe, dans le sens de la sortie du modèle, des parties en relief ou en creux qui ne peuvent, pour une raison de construction, avoir aucune dépouille, il est nécessaire afin d'obtenir des pièces parfaites, de se servir d'un *peigne* constitué par une plaque de tôle découpée intérieurement ou d'une plaque de métal blanc sans retrait coulée autour du modèle, qui, dans ce cas, est toujours métallique pour éviter sa déformation ; ce peigne affecte un périmètre intérieur identique au périmètre extérieur du modèle ; le peigne et le modèle portent des repères de position.

Ce peigne a pour but, étant posé et repéré sur le joint

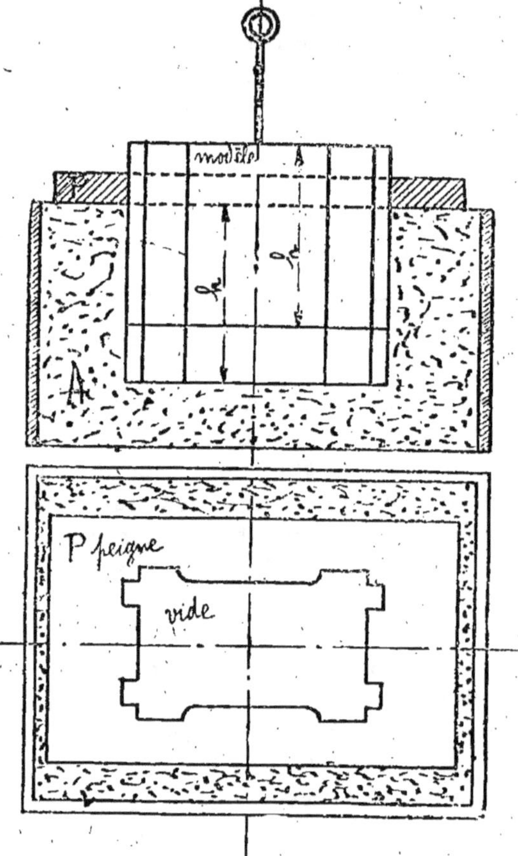

Fig. 31. — Peigne placé sur le joint du moule
pendant la levée du modèle.

du moule, après un léger ébranlement du modèle qui sert
à décoller le sable du modèle métallique, de maintenir,

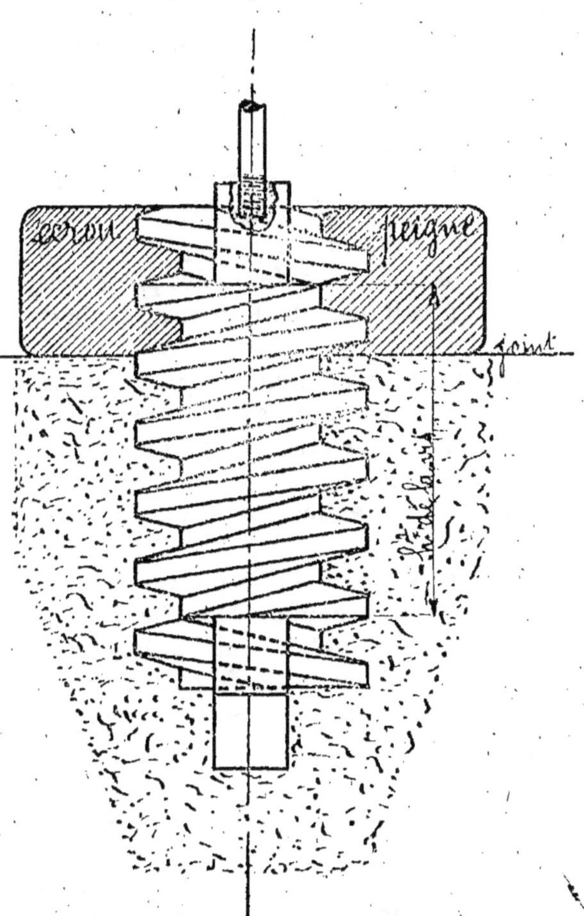

Fig. 32. — Sortie par dévissage d'un modèle de vis sans fin
au moyen d'un écrou peigne.

par son propre poids ou par une charge supplémentaire appropriée placée sur lui, les fines parties de sable qui entourent le modèle et de permettre la levée facile, rapide et exacte de ce dernier sans *arrachures* ni déformation du moule.

Ce procédé est employé aussi bien dans le moulage à la main que dans le moulage à la machine pour obtenir par exemple : des engrenages cylindriques, des poulies hautes, des pistons de moteur, des pièces comportant des rainures ou glissières dans le sens de la levée du modèle (fig. 31).

Le peigne est également employé dans le moulage debout des vis sans fin qui s'exécute avec des vis modèles dont le peigne est un écrou, que l'on repère et maintient en place sur le joint, pour retirer le modèle par rotation amenant le vissage de la vis dans l'écrou fixe (fig. 32).

Le peigne coulé en métal blanc est plus facile à obtenir que le peigne ajusté, coûte moins cher, et peut épouser la forme des joints gauches que présentent souvent les moules, formes tellement compliquées pour l'ajustage que souvent on renonce à se servir de peignes qui seraient d'une grande utilité.

Fin du moulage. — S'il s'est produit des *arrachures* à la levée du modèle, on les répare dans l'une et l'autre partie du moule avec un peu de sable humide posé avec les outils appropriés : spatule, gouge, crochet, lissoir, colonne (fig. 33) si le moule présente des cavités à fond peu visible, ces cavités seront inspectées au moyen d'un petit *miroir* à main renvoyant la lumière dans ces cavités. Les réparations étant faites, on donne un coup de *souf-*

flet dans les creux pour faire partir tous les grains de sable isolés qui formeraient des piqûres dans la pièce.

Pour des pièces coulées à vert, c'est-à-dire moulées en sable et non séchées à l'étuve, on lisse toute la surface du vide du moule après l'avoir saupoudrée au sac à noir de

Fig. 33.
Réparation d'arrachures (Ar) avec la spatule.

charbon ou à la plombagine pour obtenir une surface bien unie.

Étuvage. — Si les pièces doivent être parfaitement unies, saines et faciles à travailler, on fait sécher les moules à l'étuve. A cet effet, aussitôt le moule raccordé et nettoyé, on passe, avec un blaireau, sur toute la surface de la pièce et des canaux de coulée, une couche de noir liquide ou de plombagine délayée, c'est ce que l'on appelle *passer un moule à la couche.*

Il ne reste plus qu'à le mettre à l'étuve pour le faire

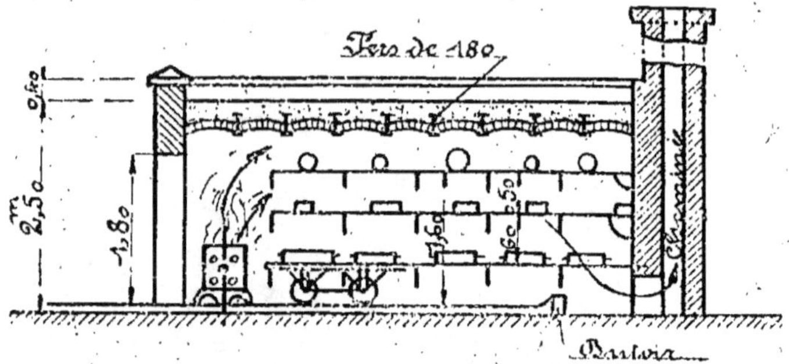

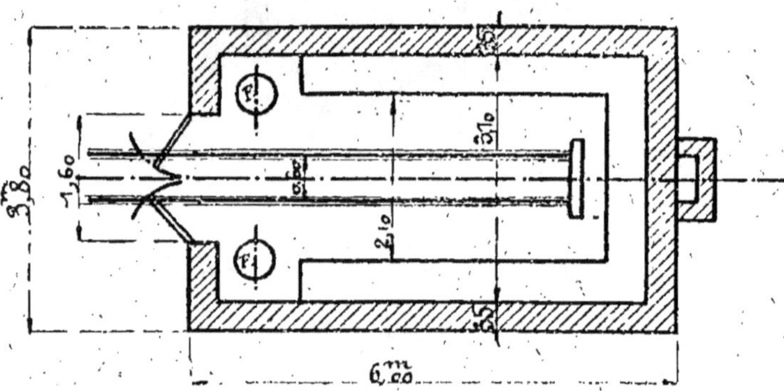

FIG. 34. — Etuve en maçonnerie.

sécher pendant un temps suffisant et variable suivant le volume du moule et la température de l'étuve. Les châssis sont repérés pour éviter toute confusion.

L'*étuve*, nécessaire à toute fonderie, est une chambre en maçonnerie assez vaste pour contenir durant une nuit les moules et noyaux nécessaires à la fabrication journalière. Elle est chauffée ordinairement au vieux coke brûlé dans un ou plusieurs foyers ; la cheminée d'appel des gaz et vapeurs se fait au ras du sol à l'opposé du foyer. La température varie de 280 à 350° (fig. 34).

Il existe de petites étuves pour le séchage rapide des petits noyaux, disposés sur des rayons d'une sorte d'armoire chauffée intérieurement au gaz ou au coke.

Quand les moules sont trop volumineux et n'entrent pas dans l'étuve, ou quand ils sont faits en fosse, c'est-à-dire dans le sol même de la fonderie, on les sèche sur place au moyen de foyers portatifs, de braseros ou de tôles recouvertes de coke incandescent.

Flambage des moules. — Quand on coule à vert, les pièces sont toujours légèrement grenues à la surface malgré le lissage ; pour obtenir des surfaces plus unies, par exemple dans des pièces d'ornement, des cylindres à ailettes, des plaques modèles en fonte, etc..., on sèche légèrement la croûte du sable du moule en flambant le moule au moment de le couler au moyen de résine fondue et allumée qui, en même temps qu'elle sèche par la chaleur dégagée, évite le fendillement et dépose à la surface du moule une fumée épaisse formant vernis protecteur et donnant des pièces moulées bien lisses ; après flambage, on souffle les flammèches déposées sur le moule, on *remmoule* et on coule aussitôt.

Remmoulage. — Toutes les opérations précédentes étant faites, les deux parties du moule sont finies. Il reste à fermer le moule pour que celui-ci constitue un vide correspondant à la pièce demandée, c'est cette opération

qui s'appelle *remmoulage*. Les deux parties se remettent
l'une sur l'autre *en faisant soleil* et en s'assurant du bon
portage des deux parties sur le joint; ensuite on place
le châssis fermé sur un lit de sable horizontal non tassé
ni serré, appelé couche, de façon à laisser échapper les
gaz de la partie inférieure. Dans le cas de châssis ayant
une grande surface, on tire de l'air avec une grande
aiguille dans la couche de coulée sous les châssis.

Pour éviter de chercher ou de tâtonner entre les trous
de coulée ou d'évents, il faut avoir la précaution de mar-
quer les trous de coulée d'un cercle de poudre blanche
répandue à la main autour de l'entonnoir (fig. 36).

Il faut ranger les châssis en ordre pour les couler en
ménageant entre les rangées un passage libre et suffisant
(fig. 36).

Pour empêcher l'introduction de poussières, de grains
de sable ou de corps étrangers dans les moules les évents
et coulées sont couverts par une planchette, un carton ou
une ardoise que l'on retire au moment de couler le métal.

Clavetage du moule. — Il a pour but d'empêcher
la partie supérieure du châssis de remonter sous l'action
du dégagement des gaz, produisant une sorte d'explosion
au moment de leur allumage; d'ailleurs, le métal liquide
exerce une pression de bas en haut sur le moule, pression
d'autant plus grande que la surface horizontale du métal
liquide est grande et que les coulées et évents sont hauts.
Ce soulèvement amènerait sur la séparation une fuite de
métal qui, dans certains cas, viderait une partie du moule,
donnerait des pièces incomplètes à rebuter, ou tout au
moins une feuille de métal ou des bavures demandant un
ébarbage supplémentaire et on obtiendrait des pièces

forcées en dimensions de hauteur dans le sens du moulage.

Le clavetage se fait avec la même force sur chacune des oreilles, afin de ne pas faire bâiller la séparation d'un côté, ce qui faciliterait les fuites que l'on veut justement empêcher. Quand ces fuites se produisent par accident,

Fig. 35. — Moule claveté.

on cherche à les arrêter en tassant vivement du sable à la pelle dans la région où elles se produisent. Le clavetage s'obtient en emprisonnant les oreilles par une sorte de pince en fer plat affectant la forme d'un fer à cheval qui lui donne une certaine élasticité (fig. 35), ou bien en passant des clavettes coniques, en-dessous des oreilles, dans des goujons à œil (fig. 4).

CHAPITRE VII

COULÉE DU MÉTAL DANS LES MOULES. PRINCIPE DE PASCAL. PRESSIONS DANS LES MOULES. RETRAIT. MASSELOTTES.

Coulée du métal. — Le métal est fondu par différents moyens suivant sa nature et son emploi dans des appareils appelés fours ou cubilots dont nous dirons quelques mots en fin de ce livre. Il est amené dans les moules au moyen de creusets en plombagine, quand on le fond dans des fours, ou dans des poches en tôle d'acier garnies intérieurement d'un isolant en terre réfactaire ; la garniture de ces poches est maintenue en bon état à chaque fusion par un *rhabillage.*

Le métal liquide contenu dans le creuset ou la poche est transporté près du moule, à la main, dans un porte creuset ou armature, à la grue ou au pont-roulant, pour les grosses poches ; il est d'abord décrassé, c'est-à-dire que les impuretés qui surnagent sont retirées avec une écumoire constituée le plus souvent par une cornière en fer ; à cet effet, on répand sur le métal en fusion du *gris* ou vieux sable brûlé, broyé et tamisé qui a pour but de former une sorte de pâte ou crème qui agglomère ces impuretés et rend leur enlèvement plus facile ; au moment de couler, on répand du gris à nouveau sur le métal contenu dans le creuset, pour faire une sorte de couvercle mobile qui retient les impuretés se détachant du creuset en versant le métal, et en même temps empêche ce dernier de s'oxyder au contact de l'air. Plus les pièces sont minces ou de faible volume, plus le métal doit être chaud et liquide.

Jusqu'ici la routine, si prépondérante en fonderie, guidait seule l'ouvrier dans l'appréciation de *fluidité* du métal à couler ; maintenant le mouleur a à sa disposition un moyen scientifique simple, certain et très rapide de se rendre compte de l'état de son métal liquide ; c'est de faire avec du métal liquide de sa poche ou de son creuset une « *éprouvette de coulabilité* ».

Ce procédé mis au point par M. Charles Cury, Ingénieur de l'Ecole Supérieure de Fonderie de Paris, a été développé par son auteur dans une conférence faite le 6 novembre 1924 à l'Association technique de Fonderie et reproduite par la revue *La Fonderie Moderne*.

Cette éprouvette, en forme de spirale coulée dans un moule en sable, comporte des repères disposés de 50 en 50 m/m sur son développement courbe, chacune des divisions entre deux repères correspond à un *degré Cury*. Le bassin de coulée est disposé de telle sorte que l'attaque, la pression, la vitesse de déversement de la fonte n'influent pas sur l'acheminement du métal liquide dans le vide de la spirale à section constante, où le métal vient se figer et se solidifier très rapidement, en permettant, par un simple comptage des degrés Cury, de *mesurer* la coulabilité du métal liquide examiné.

Ce procédé permet d'employer judicieusement le métal liquide aux genres de pièces qui conviennent à sa fluidité, par exemple une fonte chaude ayant une coulabi-

lité de 18 degrés Cury servira à couler des pièces minces, une autre présentant 14 degrés Cury sera employée à couler des pièces plus massives ; il permet aussi de faire des comparaisons entre les métaux de diverses provenances, les sables, les isolements, les causes de rebuts inexpliquées jusqu'ici ; enfin il évite toute discussion du personnel relativement à la coulabilité du métal liquide prêt à utiliser. C'est donc un progrès sérieux qui doit s'introduire dans toutes les fonderies.

Le métal est versé dans le moule par le ou les trous de

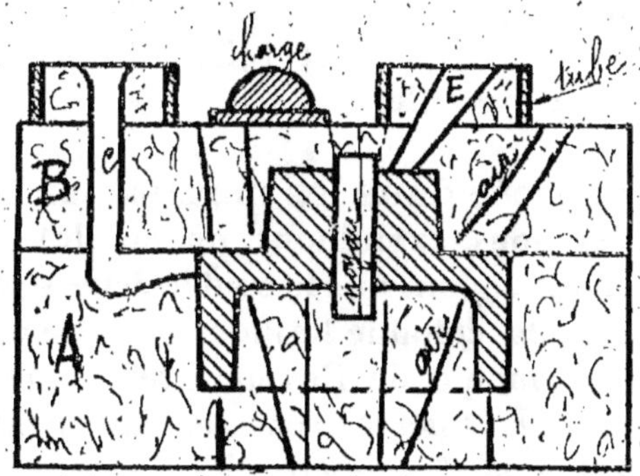

FIG. 37.
Coulée et évents remontés ; moule chargé.

coulée, sans brusquerie ni hâte, afin de ne pas dégrader le sable du moule ; on coule jusqu'à ce que le métal arrive au niveau de la coulée et que les évents soient bien remplis ; il arrive que quelques instants après le remplissage, le niveau diminue en bouillonnant, c'est que du gaz s'échappe et est remplacé par du métal ; on reverse alors du métal ; c'est ce qui s'appelle *rabreuver* (fig. 36).

Le niveau supérieur de la coulée doit être suffisamment

élevé par rapport à la partie haute du vide du moule, afin de former *pression dans le moule* pour chasser les gaz, obliger le métal à se loger dans les angles et empêcher les tassements de métal ; c'est pourquoi, dans certains cas, on *remonte les coulées et les évents* avec un cylindre en tôle ou un bout de tuyau garni de sable intérieurement, dans lequel se prolonge le trou de coulée ou d'évent (fig. 37).

Pour empêcher le métal de s'oxyder au contact de l'air, on recouvre les jets et les évents avec du vieux sable brûlé quand tous les gaz sont échappés, ce dont on s'aperçoit quand il n'y a plus de barbotage dans les évents et les coulées, et alors le métal se refroidit plus lentement et est plus facile à travailler.

Pression exercée dans les moules par le métal liquide. — Si nous examinons un moule rempli de métal liquide, nous voyons que la coulée dépasse le niveau de la pièce et que la colonne liquide de cette coulée, en application du principe de Pascal, *exerce une poussée qui se transmet dans tous les sens normalement et intégralement à toute surface égale à la surface pressée.* C'est sur ce principe qu'est basée la presse hydraulique, et notre moule, avec sa coulée surélevée relativement à la pièce, n'est autre chose qu'une presse hydraulique à parois de sable, le petit piston étant représenté par la coulée, le grand par le dessus du vide du moule et la pression initiale est le poids de la colonne de métal liquide située au-dessus du niveau liquide supérieur de la pièce (fig. 38) ; cette pression initiale est égale au volume de la portion de coulée sus-indiquée, multiplié par la densité du métal liquide ; les coulées ayant une section généralement cylindrique, il est donc facile de calculer son volume et son poids ; mais nous remarquerons de suite que la pression initiale peut se ramener à la pression sur un centimètre carré de la section de la coulée, et que cette pression s'exerce avec la même intensité à l'intérieur du moule.

Prenons pour exemple un moule destiné à obtenir en

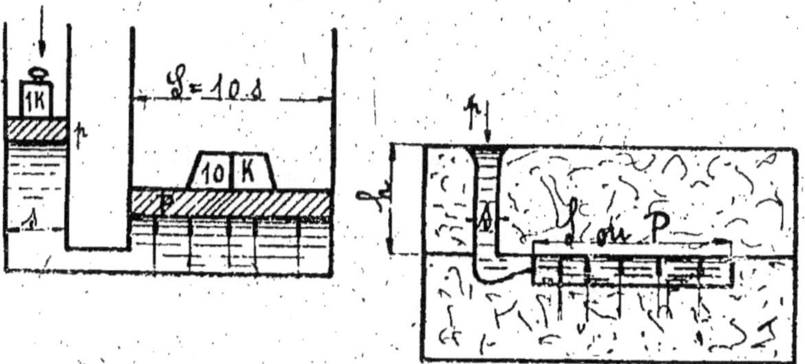

Fig. 38. — Analogie de la presse hydraulique et d'un moule. La surface S est *n* fois plus grande que la surface *s* ; la pression reçue par le piston P est *n* fois plus grande que celle exercée sur le piston *p* et le piston P tend à remonter.

fonte de densité 7,2, une pièce carrée de 100 mm. de côté et 25 mm. d'épaisseur, moulée à plat et attaquée par une coulée de 100 mm. de hauteur (fig. 39). La section *s* de la coulée au niveau liquide de la pièce qui, ici, correspond à la séparation du châssis, reçoit par centimètre carré une pression de

$$0\,\mathrm{dcm}^3,01 \times 1\,\mathrm{dcm} \times 7,2 = 0\,\mathrm{kg},072 \qquad (1)$$

Cette pression se transmet à chaque centimètre carré de la surface liquide du dessus du vide du moule. Ici cette surface est un carré de 100 mm de côté, c'est-à-dire une surface de 100 centimètres carrés et la poussée supportée par le dessus est de

$$0\,\mathrm{kg},072 \times 100 = 7\,\mathrm{kg},200.$$

Nous remarquerons que, dans l'égalité (1), la base $0\,\mathrm{dcm^3},01$ et la densité 7,2 sont constantes pour un même

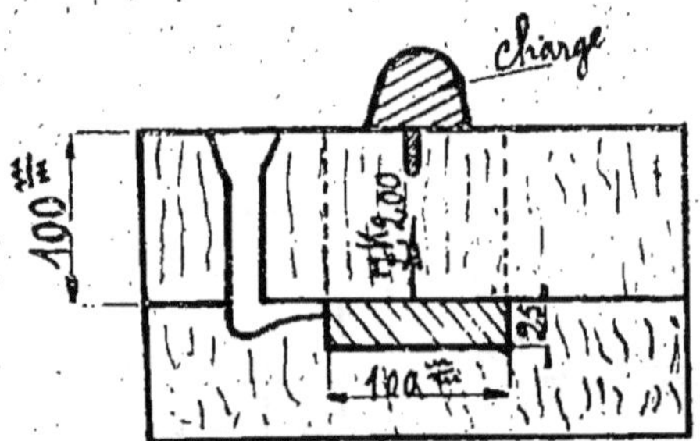

Fig. 39. — Pression exercée sur le dessus
et le fond d'un moule.

métal ; seule la hauteur de la coulée peut varier ; si elle diminue ou si elle augmente, la pression diminue ou augmente dans la même proportion, par exemple si la hauteur de cette coulée devenait 60 mm la pression serait de

$$0\,\mathrm{dcm^3},01 \times 0\,\mathrm{dcm},6 \times 7,2 = 0\,\mathrm{kg},0432 = \frac{0\,\mathrm{kg},072 \times 6}{10};$$

si elle devenait 150 mm., la pression serait de

$$0\,\mathrm{dcm^3},01 \times 1\,\mathrm{dcm},5 \times 7,2 = 0\,\mathrm{kg},108 = \frac{0\,\mathrm{kg},072 \times 15}{10}$$

et pour un centimètre

$$0\,\mathrm{dcm^3},01 \times 0\,\mathrm{dcm},1 \times 7,2 = 0\,\mathrm{kg},0072 = \frac{\text{densité}}{1000}$$

On déduit de ces remarques et calculs que : 1° la poussée qui s'exerce sur la surface supérieure d'un moule rempli de métal liquide est d'autant plus grande que le niveau de la coulée est plus haut que cette surface ; 2° qu'elle a pour valeur le millième de la densité du métal liquide multiplié par la hauteur considérée de la coulée exprimée en centimètres et par la surface supérieure du moule exprimée en centimètres carrés.

Faisons une application de cette règle à la confection d'une plaque modèle en fonte de 500×400 m/m, coulée avec un jet de 120 m/m de hauteur. La poussée exercée à l'intérieur sur le dessus du moule par centimètre carré sera de

$$\frac{\text{densité}}{1000} \times h = \frac{7,2}{1000} \times 12$$
$$= 0\text{kg},0864$$

et la poussée totale sur le dessus

$$0\,\text{kg},0864 \times \text{surface} =$$
$$0\,\text{kg},0864 \times 50 \times 40 = 172\,\text{kg},800.$$

On pare aux effets de cette poussée de bas en haut, tendant à séparer le moule, par le clavetage du moule et par son chargement avec des

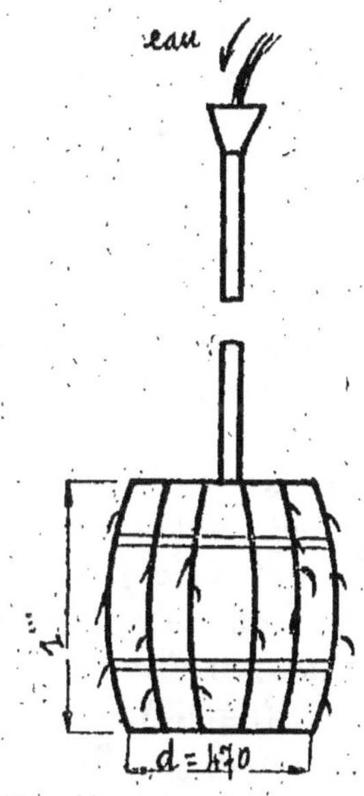

Fig. 40. — Expérience du crève-tonneau.

Quand le tube surmontant le tonneau plein d'eau a 2ᵐ de hauteur, le tonneau ayant 1ᵐ de hauteur intérieure et 70 dcm² ou 7000 cm² de surface intérieure du fond, chaque centimètre carré de ce dernier supporte la pression d'une colonne cylindrique d'eau de 30 décimètres de haut ayant un volume de 0 dcm³ 300 et un poids de 0ᵏ300, et le fond entier reçoit une pression de 0,ᵏ3 × 7000 = 2100 ᵏ à laquelle il ne peut résister.

matériaux bruts répartis à sa surface, si l'on craint la rupture des oreilles clavetées sous cette poussée atteignant plusieurs tonnes dans les grands moules.

Il y a d'autres effets que cette poussée de bas en haut : le métal liquide exerce également une pression sur le fond et sur les parois du moule.

Sur le fond, la pression exercée par un métal liquide en équilibre est indépendante de la forme de ce fond et égale au poids d'une colonne cylindrique de métal ayant pour base le fond et pour hauteur la distance verticale de ce fond à la surface libre du métal liquide, c'est-à-dire à l'affleurement de la coulée ou des évents au-dessus du moule.

Sur les parois, la poussée exercée sur une portion de paroi est égale au poids d'une colonne de métal ayant pour base cette portion de paroi et pour hauteur la distance verticale qui sépare le centre de gravité de la portion de paroi considérée à la surface libre du métal liquide (fig. 40).

Cherchons quelles peuvent être ces pressions dans des cas concrets. Reprenons le moule de pièce carrée de 100 mm de côté et 25 mm de hauteur coulée en fonte (fig. 41). 1° Sur le fond, la pression sera par centimètre carré de

$$0\,dmc^3,01 \times 1\,dmc,25 \times 7,2 = 0\,kg,090$$

et la poussée sur le fond de 100 centimètres carrés de surface

$$0\,kg,090 \times 100 = 9\,kg$$

Nous remarquons que, dans le cas d'une pièce massive et régulière, telle que celle considérée, la poussée sur le fond est égale à la poussée sur le dessus augmentée du poids de la pièce :

$$9\,\text{kg} = 7\,\text{kg},200 + (1\,\text{dmc}^{*} \times 0,25 \times 7,2).$$

Si cette pièce portait des évidements supérieurs, elle serait moins lourde et pèserait par exemple 1 kg, la poussée sur le fond resterait cependant la même, soit 9 kg, car elle ne dépend pas de la forme de la pièce, mais seulement de l'étendue de la surface du fond et de sa différence de niveau avec l'affleurement de la coulée.

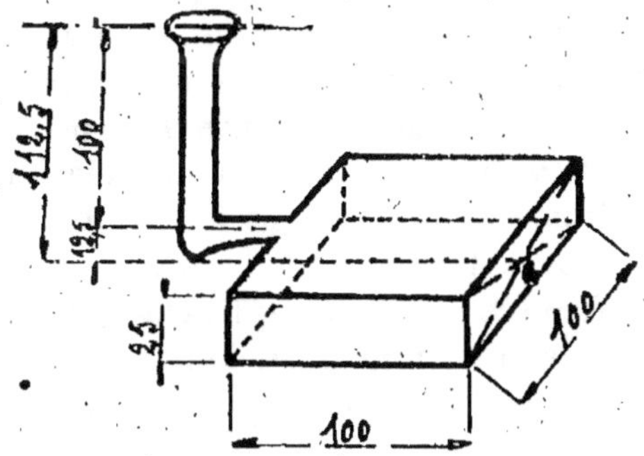

Fig. 41.
Recherche de la pression latérale dans un moule.

2° Sur chacune des quatre parois formées par un rectangle de $100 \times 25\,\text{m/m}$, le centre de gravité est situé à la rencontre des diagonales des rectangles, c'est-à-dire à une distance verticale de 112 m,5 de l'affleurement de la coulée. Chaque rectangle a une surface de

$$1\,\text{dcm} \times 0,25 = 0\,\text{dcm}^{*}\,25$$

la poussée que supporte chaque paroi est de

$$0\,\text{dcm}^{*},25 \times 1,125 \times 7,2 = 2\,\text{kg},025$$

et pour les quatre parois

$$2\,\text{kg},025 \times 4 = 8\,\text{kg},100 \text{ (fig. 49)}.$$

Comparées au poids propre de la pièce, qui est de 1 kg,800, ces poussées sur le dessus 7 kg,200, sur le fond 9 kg, sur les parois 8 kg,100 lui sont bien supérieures, et si l'on n'y prend garde, peuvent amener des incidents au moment et à la fin immédiate du remplissage du moule.

Nous avons vu que, pour parer à la levée du dessus du moule, nous devions claveter et charger ce moule. Aussi pour empêcher le fléchissement des parois du châssis, nous emploierons, pour les pièces volumineuses, des châssis à barres armant en même temps le sable. Ce fléchissement des parois amènerait une déformation et une augmentation de volume de la pièce, appelé forçage.

Comme application, nous allons examiner la charge à mettre sur le dessus d'un moule de cuve demi-sphérique en fonte, représentée par le croquis (fig. 42). Le rebord présente une couronne dont la surface est de

$$\pi(R^2 - r^2) = 3,14\,(0,36 - 0,25) = 3,14 \times 0,11 = 0\,\text{m}^2,3454$$

la pression par centimètre carré sur ce rebord au niveau supérieur en coulant avec une coulée de 150 m/m de hauteur est de

$$\frac{7,2}{1000} \times 15 = 0\,\text{kg},108$$

et la poussée du rebord sur le dessus

$$0\,\text{kg},108 \times 3454 = 372\,\text{kg},032.$$

La cuve, étant demi-sphérique, la paroi intérieure a une surface égale à

$$2\,\pi\,R^2 = 2 \times 3,14 \times 0\,\text{m},50 \times 0\,\text{m},50 = 1\,\text{m}^2,570 = 15700\,\text{cm}^2$$

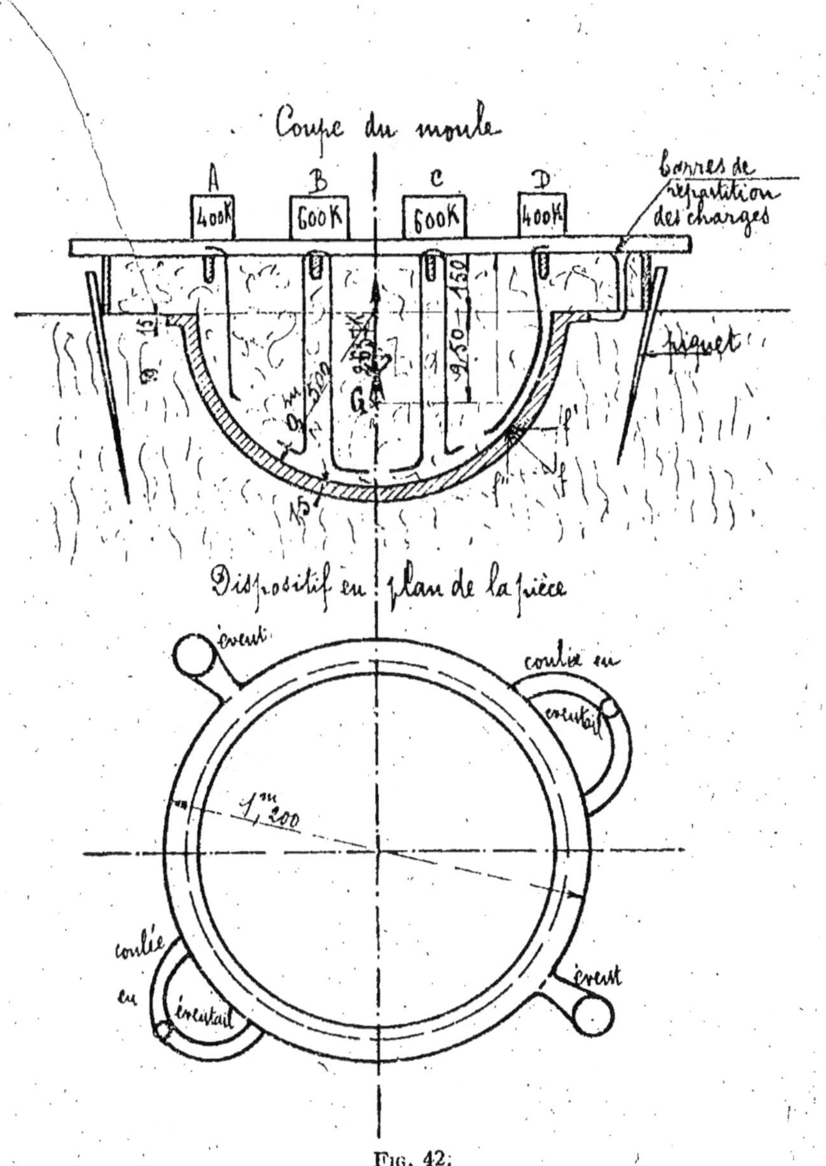

FIG. 42.
Pression exercée sur le dessus d'un moule de cuve demi-sphérique.

la somme des poussées normales sur cette paroi demi-sphérique est égale à la pression au centre de gravité de cette surface, situé ici au milieu de la hauteur du rayon vertical, multiplié par la surface, soit

$$\frac{7\,kg,2}{1000} \times 40 \times 15700 = 4521\,kg,600.$$

Mais toutes ces poussées élémentaires, normales aux différents points de la paroi, n'agissent pas en entier dans le sens vertical tendant à faire lever le dessus du moule ; la force f de poussée se décompose en deux, une horizontale f' qui presse le sable, l'autre verticale f'' qui agit dans le sens de la levée. La mécanique nous apprend que la poussée produite par la somme de ces forces verticales f'' est égale à la surface horizontale de projection de la paroi multipliée par la pression au centre de gravité. Dans le cas qui nous occupe la projection de la paroi est un grand cercle de la sphère et nous connaissons la pression au centre de gravité, la poussée verticale provenant de la paroi sphérique est donc de

$$\frac{7\,kg,2}{1000} \times 40 \times \pi\,R^2 = \frac{7\,kg,2}{1000} \times 40 \times 7850 = 2265\,kg,800.$$

et la poussée totale provenant du bord et du creux de la cuve.

$$372\,kg,032 + 2265\,kg,800 = 2.637\,kg,832.$$

soit environ 2.650 kg qu'il faudra plus qu'équilibrer par le poids du châssis, du sable du moule et des charges.

Le châssis du dessus est de forme carrée de 1m,50 de côté et 0m,150 de hauteur, son épaisseur est de 2 centimètres ; il pèse, avec ses barres, environ 200 kg. La masse de sable qu'il porte est composée d'un prisme à base carrée ayant pour volume

$$1\,m,50 \times 1\,m,50 \times 0\,m,15 = 337\,dm^3,500.$$

et d'une demi-sphère ayant pour volume

$$\frac{\frac{4}{3}\pi R^3}{2} = \frac{\frac{4}{3}\times 3,14\times 0\,m,5\times 0\,m,5\times 0\,m,5}{2} = 261\,dm^3,500.$$

soit un volume de sable de

$$337,500 + 261,500 = 599\ dcm^3$$

ou en chiffres ronds 600 dcm³ de sable dont la densité est 1,5 environ, ce qui donne un poids de sable de

$$1,5 \times 600 = 900\ kg$$

et un poids total de la partie du dessus de

$$200 + 900 = 1100\ kg.$$

Ce moule étant troussé en fosse, c'est-à-dire sans partie de châssis en dessous, il n'y a pas moyen de compter sur les oreilles pour claveter, il faudra donc charger le dessus du moule d'un poids de 2650 kg — 1100 = 1550 kg et pour parer à toute éventualité mettre 10 % de charge en plus, soit au moins 1700 kg de matériaux répartis sur des barres au-dessus du moule.

Retrait des pièces. — Les métaux remplissant les moules étant, au moment de la coulée, à leur température de fusion, diminuent de volume en se solidifiant par leur refroidissement naturel. Cette diminution de volume, appréciable même dans les petites pièces, constitue ce que l'on appelle le *retrait du métal* et on doit en tenir compte dans l'établissement des modèles. C'est pour cette raison que les modeleurs se servent de *mesures à retrait* (mètres, pieds à coulisse) spécialement établies pour cet usage, de façon à obtenir des modèles dont l'augmentation de volume par rapport au volume de la pièce corresponde au retrait du métal. Ce retrait varie suivant les métaux : il est de 1 % pour la fonte ordinaire, 2 % pour la fonte malléable, 1,3 % pour l'acier coulé, 1,5 % pour le bronze, le cuivre, le laiton et 1,8 % pour l'aluminium.

Les mesures à retrait se font à simple retrait : 1 %, ou à double retrait : 2 %.

Quand on fait des modèles métalliques d'après des modèles en bois, les dimensions du modèle initial en bois doivent comporter l'augmentation additionnée des deux retraits : retrait du métal du modèle, plus retrait du métal de la pièce coulée. Exemple : dans le cas d'un modèle en bois servant à obtenir un modèle en bronze pour mouler des pièces à couler en fonte malléable, le retrait à compter pour l'établissement du premier modèle bois est de 1,5 + 2 = 3,5 %, ce qui n'est pas négligeable.

Actuellement les modèles métalliques et plaques modèles destinés aux machines se font avec un métal blanc formé d'un alliage spécial qui est sans retrait appréciable et que l'on trouve dans le commerce. C'est avec ce métal que l'on fait les modèles surmoulés quand on veut en multiplier le nombre.

Cassure des pièces au retrait. Les pièces, en se refroidissant, diminuent de volume, mais les parties de faible volume se refroidissent dans la même pièce beaucoup plus vite que celles d'une masse plus considérable ; le retrait ne se fait pas également dans le même temps dans tout le volume de la pièce et les parties faibles, sous l'action d'un effort de contraction trop grand, ont leurs molécules tendues et peuvent se détacher par cassure du reste de la pièce, soit pendant le refroidissement dans le moule, soit après, par exemple pendant l'usinage, ou à un moment quelconque, sous l'action du moindre choc, ce qui peut amener des accidents parfois graves. Si nous prenons le cas d'une poulie ou d'un engrenage, nous voyons que le moyeu présente un volume beaucoup plus compact que la jante à laquelle il est relié par des bras ; si nous examinons le refroidissement de la pièce dans le moule, la jante se refroidit plus rapidement que le reste, elle diminue de diamètre plus vite que le reste de la pièce et quand les bras et le moyeu font leur retrait dans le sens de la longueur, il y a tension extrême dans la longueur des bras et ceux-ci cassent ou sont fragiles à l'attache des bras avec la jante.

Pour éviter cette rupture ou cette fragilité, il faut dégager le moyeu du sable aussitôt le métal figé pour le refroidir plus rapidement au contact de l'air, tandis que les bras et la jante restent entourés par le sable chaud du moule et se refroidissent moins vite.

Les bras doivent toujours être raccordés à la jante et au moyeu par de forts congés destinés à augmenter leur section d'attache qui, présentant un volume allant en diminuant, atténue les différences de température des deux parties à leur réunion et ont l'avantage de donner plus de résistance mécanique à la pièce.

On obvie encore à cet effet du retrait, en faisant des bras courbes ou paraboliques ; cette forme leur permet de fléchir pendant le refroidissement et d'éviter la tension

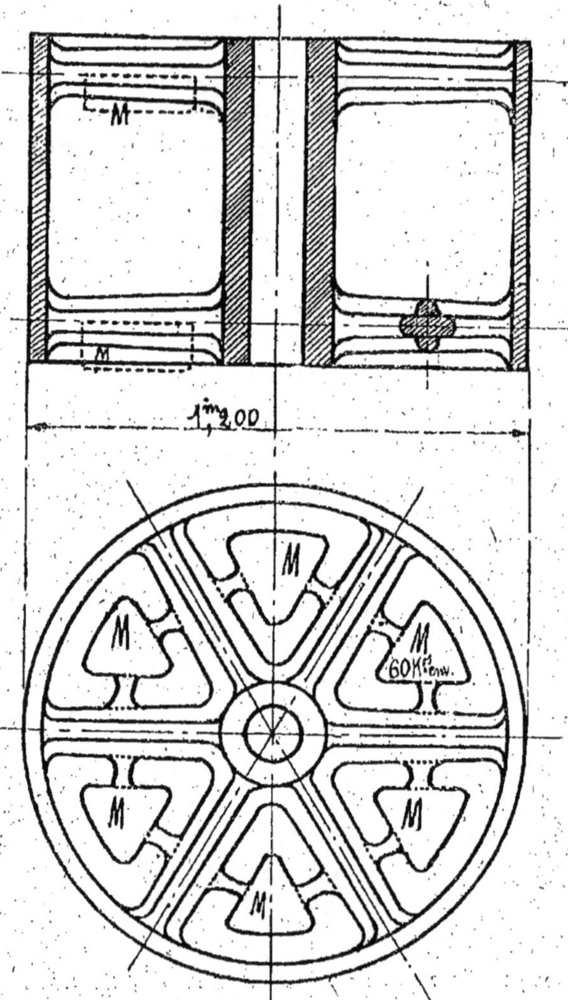

FIG. 43. — Masselottes entre bras pour combattre
les ruptures dues au retrait.

du métal, cause de rupture ou de fragilité ; leur tracé demande plus de temps et de soin que les bras droits, mais ils sont préférables, car ils sont plus résistants à tous les points de vue. Enfin quand la disproportion des masses est absolument trop grande et que même le dégagement d'une partie de la pièce n'empêche pas l'autre de se rompre par le retrait, on peut employer le procédé des *masselottes*, qui consiste à réchauffer les parties faibles par des masses de métal coulées en même temps dans le moule et reliées avec ces parties faibles qu'elles réchauffent afin de les empêcher de se refroidir trop brusquement. C'est le cas par exemple d'une poulie à double rangée de bras pour une jante très large et très lourde (figure 43).

Masselottes. — La masselotte n'est pas employée seulement pour réchauffer les parties faibles d'une pièce. On l'emploie surtout pour épurer le métal des pièces qui doivent être bien saines. D'une façon générale, toute pièce coulée présente une face bien saine, celle qui correspond au fond du moule, tandis que la face correspondant au haut du moule dont le métal est moins serré par suite d'une pression moins forte des coulées, est toujours moins propre ; elle peut être piquée, granuleuse, soufflée, tassée, avoir des arêtes et reliefs moins nets, défauts qui proviennent de gaz non évacués, de métal trop froid, oxydé ou mal épuré ; c'est pourquoi on dispose toujours le moule en tenant compte de l'importance des surfaces. Les surfaces travaillées, telles qu'un marbre, se placent toujours dans le bas du moule et les surfaces restant brutes de préférence dans le dessus. Quand des pièces doivent être travaillées partout, la crasse et les impuretés du

métal venant toujours à la surface doivent remonter par
la coulée et les évents, mais dans certaines pièces, particulièrement dans celles coulées en bronze, cela ne suffit pas ;
on fait alors sur le dessus du moule un évidement assez
haut destiné à laisser monter les impuretés ; c'est cet évidement qui constitue la masselotte. C'est ainsi que les
tuyaux en fonte coulés debout portent une masselotte
circulaire en prolongement. On peut facilement se rendre
compte de la nécessité des masselottes en coulant verticalement un cylindre en cuivre ou en bronze ; on verra
que le tiers supérieur de la hauteur est rempli d'impuretés et de pourritures tandis que le bas est bien sain.
(Voir fig. 27).

CHAPITRE VIII

NOYAUX. PRINCIPE D'ARCHIMÈDE

Quand une pièce comporte des trous à faire venir au moulage, le modèle est muni de *portées*, généralement peintes en noir, destinées à indiquer la place et à maintenir dans le moule la forme en sable du trou à obtenir. Cette forme s'appelle *noyau*. Son rôle est de remplir une partie du vide du moule que le métal liquide contournera au moment de la coulée ; après refroidissement de la pièce il suffira de retirer le sable du noyau qui laissera un trou ou évidement conforme à lui-même. Le noyau s'obtient généralement dans une boîte en métal ou en bois permettant de le laisser sortir d'une façon identique à celle d'un modèle sortant d'un moule ; donc elle doit être construite en dépouille et elle est divisée en deux ou plusieurs parties suivant les lignes de joint du noyau. *La boîte à noyau* porte des goujons pour rassembler ses diverses parties et des repères pour indiquer l'emplacement de chaque partie.

Le sable employé pour les noyaux est préparé spécialement suivant leur grosseur et leur forme.

Il est nécessaire, pour lui permettre de se tenir rigide, de l'*armer* avec une tige de fer droite ou courbe pour les petits noyaux, ou avec une armature en fonte pour les noyaux importants (fig. 44 et 45).

Il est absolument nécessaire d'évacuer les gaz des noyaux comme pour un moule, pour cela, on fait un ou plusieurs trous d'air dans sa longueur totale au moyen d'une aiguille si le noyau est droit, ou quand le noyau est compliqué, au moyen d'une ficelle suiffée appelée *queue de rat*, qui fond, brûle au moment de la coulée et

Fig. 44. — Boîtes à noyaux simples. Serrage d'un noyau dans une boîte fermée. Aiguille à air et queue de rat. Armatures simples.

laisse le passage aux gaz. Les trous d'air doivent venir déboucher dans des endroits de la séparation qui ne sont pas en contact avec le métal, afin d'éviter leur obstruction.

Le noyau est obtenu : 1° en serrant le sable dans la boîte à noyau debout, fermée, clavetée ou serrée avec une presse, si on peut atteindre toute la forme du noyau de cette manière en tassant le sable avec une tige de fer ou de bois appropriée (fig. 44) ; si le noyau doit être placé

verticalement dans le moule et de ce fait non soumis à la
flexion provenant de la pression de bas en haut du métal
(principe d'Archimède, voir page 101), il n'est pas nécessaire d'y mettre une armature ; s'il se maintient de lui-
même, on tire de l'air dans ce noyau, une fois serré et
quand il est encore dans la boîte, avec une aiguille à air

Fig. 45. — Boîtes à noyaux plus compliqués. Noyaux serrés dans
des boîtes ouvertes. Armatures assez compliquées.

que l'on enfonce d'un bout à l'autre et qui débouche en
laissant un trou de sa grosseur en se retirant.

2° pour les noyaux longs ou de forme, on serre du sable
à la main dans les vides des différentes parties d'une boîte
à noyau ouverte, en plaçant l'aiguille à tirer de l'air ou
la queue de rat et l'armature, sur la séparation du vide
de la boîte ; ensuite, on ferme la boîte, on la serre avec

des clavettes ou des presses à main à vis en faisant atten-
tion de ne pas la faire bâiller à un coin, puis on serre le
sable en bout avec une tige de métal appropriée. Quand
il est serré et que l'on a tiré de l'air, on *ébranle* la boîte
par de petits coups de maillet ; on l'ouvre et on démonte
le noyau ; on place celui-ci sur une tôle ; on l'enduit au
pinceau d'une *couche de noir d'étuve* formant isolant et
décapant ; on le fait *sécher à l'étuve* pour lui retirer son
humidité et le faire durcir (fig. 45).

Forme à noyaux. — Dans certains cas, il serait
coûteux d'établir une boîte à noyau ; on se contente

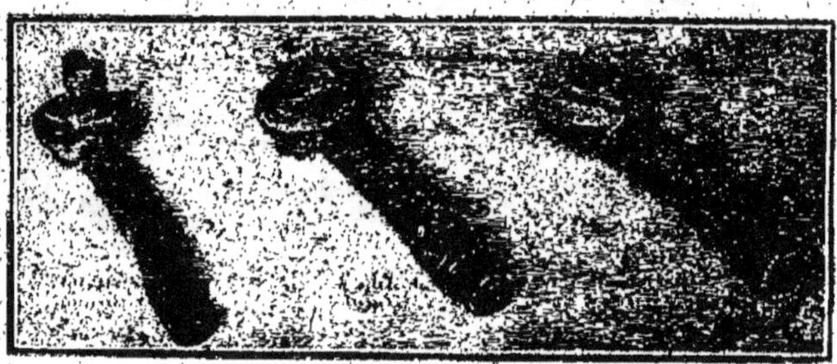

FIG. 46. — Forme à noyau.

alors de reproduire en bois la forme du noyau et pour
obtenir ce noyau en sable on procède de la façon suivante : on moule la forme comme un modèle et on emplit
le vide laissé par du sable à noyau qui donne le noyau
définitif à employer (fig. 46).

Noyaux en terre. — Ils sont employés pour les
gros noyaux dont on n'a pas fait de boîte à noyau. Ils

sont généralement cylindriques et obtenus à la main *par révolution.*

L'âme est constituée par un tube en fer percé de nombreux trous à sa surface et appelé *lanterne* ; le tube, reposant à ses extrémités sur deux fourches ou coussinets grossiers, on le fait tourner à la main avec une manivelle pour y enrouler des torsades mouillées de foin, de paille ou de fins copeaux de bois, enduites avec une bouillie de

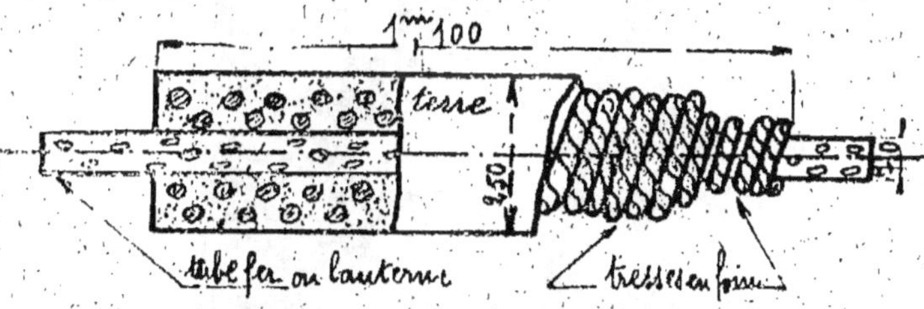

Fig. 47. — Noyau en terre avec lanterne.

sable jaune, mélangé souvent de crottin de cheval, formant l'armature du noyau sur laquelle on plaque la terre à noyau qui recevra forme et dimensions en tournant le noyau comme indiqué ci-après (fig. 47).

Les torsades étant mouillées, se gonflent et par séchage diminuent de volume et laissent de petits canaux dans la masse du noyau, canaux qui serviront de conduits aux gaz qui se produiront dans le noyau au moment de la coulée, ces gaz trouveront une sortie facile par les trous et extrémités de la lanterne, ces dernières devant, au remmoulage, être dégagées du sable et correspondre directement avec l'extérieur.

Pièces et noyaux tournés en sable. — Pour

obtenir certaines pièces de révolution, il n'est pas nécessaire de faire de modèle surtout s'il n'y a qu'une pièce à
faire. On tourne la pièce en sable à noyau sur un axe

Fig. 48. — Pièces et noyaux tournés en sable.
Planchettes. Travail à la spatule.

métallique à section polygonale, en dépouille, comme un
fleuret, pour pouvoir le sortir facilement, et on moule
d'après cette forme en sable isolée par du gris (fig. 48). Si
la pièce comporte un évidement, on fait sur la forme
modèle les portées à noyaux nécessaires et, après le mou-

lage, on se sert du modèle en sable, en le tournant pour

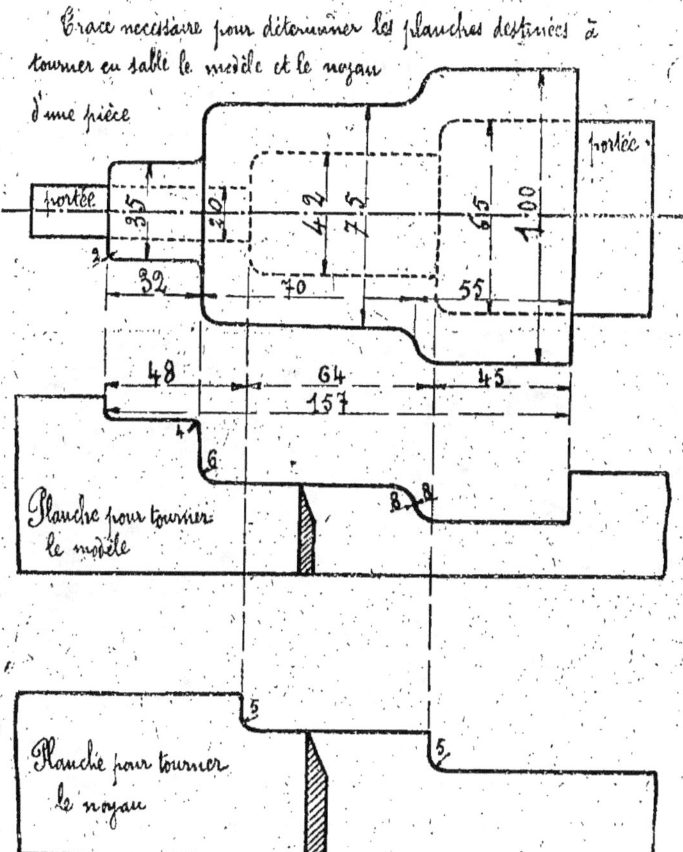

FIG. 49.
Détermination de planchettes à tourner les modèles et noyaux.

obtenir le noyau, en enlevant sur le contour l'épaisseur
de sable nécessaire et demandée par le dessin de la pièce.

L'appareil de tournage est très simple ; l'axe métallique repose sur deux supports réglables en distance sur un caisson en bois ; l'axe est animé d'un mouvement de rotation à l'aide d'une manivelle et le sable est travaillé avec une spatule ou une planche biseautée affectant la forme du profil de la pièce d'une part et du noyau d'autre part (fig. 49).

Remmoulage des noyaux. — Les noyaux ne sont mis dans le moule qu'au moment de couler pour leur évi-

FIG. 50. — Remmoulage des noyaux d'un robinet.
Les traînées sont visibles sur le joint.
(Photographie prise à l'aide d'une glace).

ter de reprendre de l'humidité. Pour ceux placés horizontalement dans le moule on voit bien leur position et ils viennent se placer d'eux-mêmes dans les portées ménagées par le modèle sur la partie de dessous ; il n'y a pas à tâtonner. Cependant comme le noyau peut laisser un léger vide entre sa grosseur et celle du vide de sa portée, on empêche le passage du métal vers l'extrémité du noyau où les gaz s'échapperont, en enduisant le bord extrême du noyau d'un léger bourrelet de sable huilé assez pâteux et peu résistant, pour former un joint circulaire autour de la base du noyau et empêcher le métal de venir par une bavure se répandre jusqu'à la base du noyau et boucher les trous d'air de celui-ci, lesquels se prolongent sur le joint du moule par de petits canaux appelés *traînées*, que l'on ménage sur la partie de dessous, et destinés à conduire les gaz en dehors du moule (fig. 50).

Dans les modèles bien étudiés, pour éviter de faire ce bourrelet circulaire à chaque extrémité des noyaux horizontaux, les portées des modèles portent une petite gorge triangulaire qui vient en relief dans le moule, s'écrase autour du noyau au remmoulage et forme le joint (figure 51).

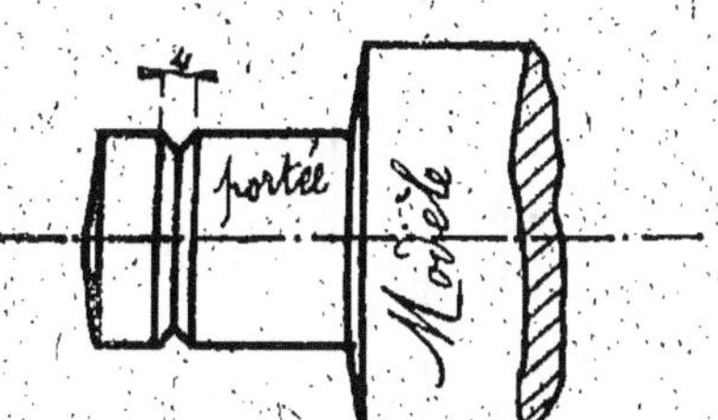

Fig. 51. — Gorge d'une portée horizontale.

Pour les *noyaux placés verticalement* dans le moule et encastrés dans une seule portée emprisonnée dans le dessous, il faut s'assurer qu'ils sont à fond, bien au centre de leur portée et qu'ils ne sont ni trop longs, afin d'éviter leur écrasement, ni trop courts, pour déboucher les évidements qu'ils doivent former, ce dont on s'assure en *rappuyant* à fond le dessus saupoudré de talc ou de plâtre fin, qui doit laisser une trace de blanc sur la séparation et l'extrémité libre des noyaux verticaux encastrés dans le dessous.

Pour faciliter la mise en place de ces noyaux dans leur portée, l'extrémité du noyau séché est râpée en chanfrein allongé, ce qui permet de l'engager dans le trou d'encastrement sans arracher le sable du moule (fig. 52). On fait

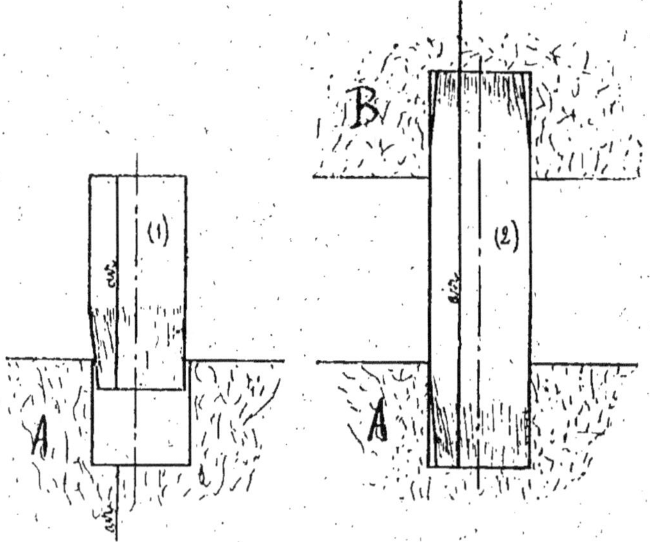

FIG. 52. — Noyaux verticaux chanfreinés.
1, à une portée d'encastrement. 2, à deux portées d'encastrement.

dans le centre de la surface d'appui de ce noyau, un trou d'air traversant le moule et correspondant à l'extérieur par un autre trou d'air tiré dans la couche de coulée, une fois le moule posé à terre.

Quand ces noyaux sont destinés à des trous borgnes, c'est-à-dire seront recouverts de métal à leur partie supérieure, ils sont attachés dans le sable du dessous du moule par une ou plusieurs *pointes ou épingles de mouleur* de grandeur convenable pour éviter tout déplacement une fois qu'ils sont réglés (fig. 53). Pour les noyaux verticaux longs qui sont encastrés aux deux extrémités dans des emplacements ménagés par le modèle dans le dessus et le dessous, on met souvent, sinon toujours, la *portée à jour* sur la partie du dessus, ce qui permet de

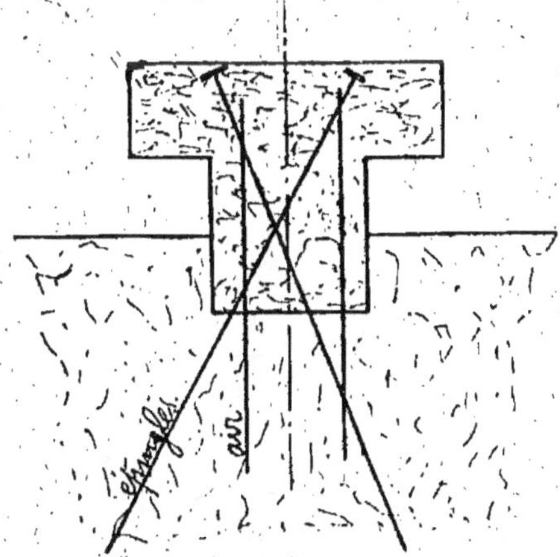

FIG. 53. — Noyau borgne pour rainure
épinglé au sable du dessous.

guider le noyau qui est apparent au remmoulage (fig. 54) ; à cet effet, on perce à la truelle et à la gouge une ouverture en entonnoir traversant verticalement le dessus du moule au dessus de l'emplacement de la portée du noyau, à moins que le modèle ne soit muni d'une portée montante ; après remmoulage, on place l'aiguille à air dans le trou d'air apparent du noyau et on tamponne l'ouverture de sable jusqu'à fleur du dessus du moule, pour empêcher le noyau de remonter sous l'action du métal liquide qui tend à le faire remonter comme un bouchon

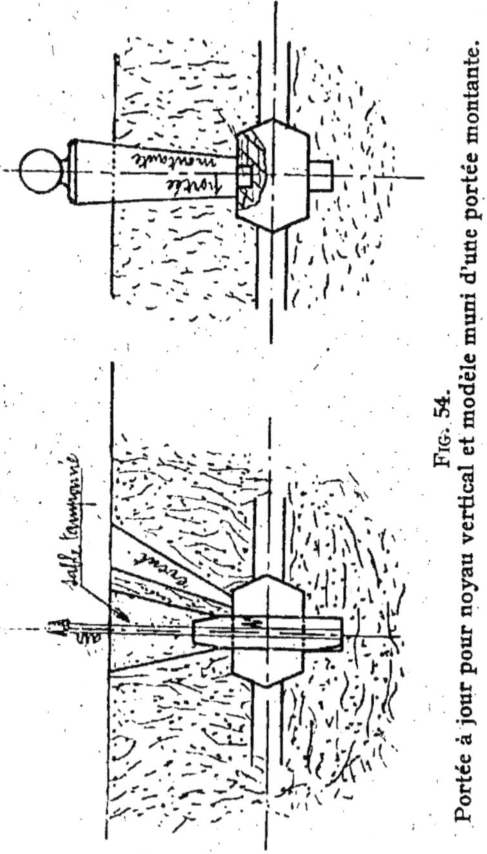

FIG. 54. — Portée à jour pour noyau vertical et modèle muni d'une portée montante.

sur l'eau ; on retire alors l'aiguille qui laisse un trou d'air prolongeant celui du noyau.

Noyaux suspendus. — Il se peut que la portée du noyau soit dans le dessus du moule et le noyau peut se trouver suspendu complètement. Dans ce cas, l'armature du noyau porte un ou plusieurs anneaux qui sont traversés par une barre calée au-dessus du moule (fig. 55).

Fig. 55. — Noyau suspendu.
Coupe d'un moule de piston de moteur montrant le dispositif de suspension de l'armature du noyau, le tirage de l'air du noyau, la coulée en source. Le fond de piston est coulé en bas pour être sain.

Quand ce sont de petits noyaux, on se contente de les épingler solidement par plusieurs épingles placées obliquement entre elles.

Noyaux métalliques. — Dans la fabrication en série d'articles courants et bon marché, les noyaux simples sont constitués par des tiges de fer recuit que l'on enduit d'huile de lin saupoudrées de brique tendre pilée ou de gris, afin d'empêcher leur adhérence aux pièces ; il suffit de les retirer au marteau et ils peuvent servir indéfiniment. On peut également considérer comme des noyaux métalliques. 1° Les vis filetées à plusieurs filets, dont les écrous, *difficiles à fileter* au tour parallèle, sont obtenus filetés dans la pièce brute coulée dans un moule, où la vis isolée à l'huile de lin et au gris a été placée au remmoulage. Le décollement de la vis dans l'écrou est assez dur et se fait avec des leviers genre tourne à gauche ; quelquefois, s'il n'y a pas d'inconvénient, l'écrou reçoit un trait de scie qui facilite le déblocage de la vis.

2° Les pièces coupées dans le moule.

Dans le cas où on veut obtenir une poulie, un volant, un organe en deux ou plusieurs parties qui seront rassemblées plus tard par boulons, ces pièces sont troussées ou moulées comme si elles étaient d'une seule pièce en tenant compte toutefois de la disposition des bras qui ne peuvent se raccorder sur la séparation des parties de la pièce. Ces séparations se font au moyen de plaquettes de fonte ou de tôles d'acier de peu d'épaisseur, passées à l'huile de lin, recouvertes d'isolant, étuvées et placées au remmoulage dans le milieu des attaches imprimées dans le moule.

Au moment de la coulée, ces plaques sont contournées par le métal et comme elles sont recouvertes d'isolant, elles n'adhèrent pas aux pièces.

Dans le cas de poulies destinées à être usinées, on laisse non séparée une légère section de la jante extérieure et de l'alésage du moyeu pour faciliter le tournage sans reprise et sans choc d'outil aux coupures ; après tournage la séparation est finie à la scie.

De même, dans certaines pièces moulées, on scelle à la coulée du métal des pièces de fer : poignées, oreilles, pitons, préparées à l'avance et placées dans le moule. Ces pièces doivent être recuites et propres au moment de les placer, afin d'éviter la formation de soufflures et d'obtenir une bonne adhérence du métal coulé.

Pression exercée sur les noyaux par le métal liquide dans le moule. — Le sable étant moins dense que le métal liquide, tend, d'après le *principe d'Archimède* à remonter à la surface du métal du liquide à la façon d'un morceau de bois plongé dans l'eau. La pression qui s'exerce ainsi est plus forte que l'on ne se l'imagine souvent ; par exemple : un noyau cylindrique horizontal de 50 m/m de diamètre et de 100 m/m de longueur utile dans le moule ayant un volume de 0 dcm³,200 plongé dans le métal liquide, reçoit une poussée de bas en haut de

1 kg,500 environ pour une pièce en fonte,
1 kg,800 — — en bronze,
0 kg,500 — — en aluminium (1).

C'est pour détruire l'effet de cette pression que les noyaux placés horizontalement sont encastrés dans des portées assez longues et qu'ils sont armés par des fils de fer, des tiges ou des armatures en fonte, pour les empêcher de fléchir. Quand les noyaux sont longs, ils pourraient fléchir malgré l'armature ; on place alors au-dessus d'eux des supports étamés en tôle dont les tiges affleurent à la surface extérieure et supérieure du moule et ces supports sont chargés suffisamment pour empêcher la flexion du noyau. Ces supports restent noyés dans le métal de la pièce refroidie ; il faut donc faire en sorte que leur pré-

(1) densité : fonte = 7,5, bronze = 8,8, aluminium = 2,56.

sence ne gêne pas l'usinage ultérieur et leur emplacement doit être judicieusement choisi.

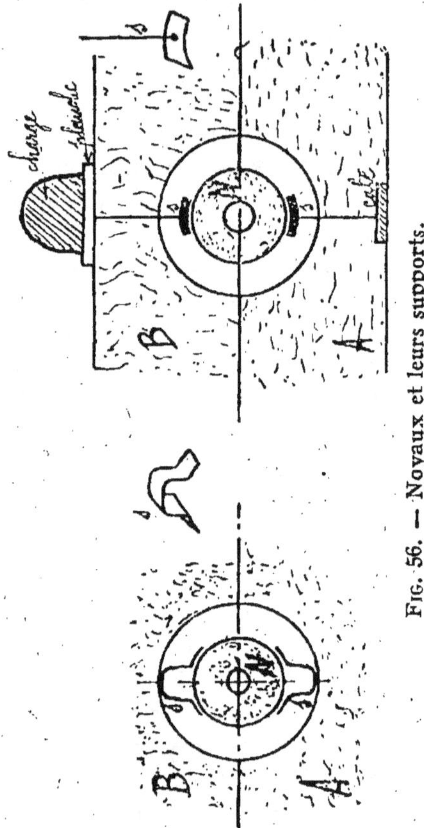

Fig. 56. — Noyaux et leurs supports.

Souvent, et d'une façon analogue, on supporte les noyaux longs par-dessous, pour qu'ils ne fléchissent pas sous leur propre poids avant la coulée (figure 56).

Ces supports et leurs tiges sont étamés pour éviter les soufflures provenant de l'oxydation du métal de ces supports.

Les noyaux suspendus reçoivent une pression analogue de bas en haut, qui tend à les coller sur le dessus du moule.

CHAPITRE IX
COUCHES ET PLAQUES MODÈLES

COUCHES

Quand une pièce doit être obtenue en plusieurs exemplaires, il est avantageux, pour gagner du temps, de faire une *couche en plâtre* pour emballer le moule ; cette couche en plâtre remplace la couche en sable que l'on fait pour chaque pièce et, comme elle est suffisamment résistante, elle sert presque indéfiniment. On obtient cette couche en plâtre en moulant une pièce comme d'ordinaire, les *modèles étant bien huilés ;* seulement la partie du dessus, au lieu d'être emballée en sable, est coulée en plâtre sur une épaisseur suffisante pour résister au choc du battoir ; si le châssis est grand, on arme le plâtre avec des baguettes de fer. De même quand la couche présente à la surface du moulage des parties fragiles susceptibles de s'arracher, on les renforce en les armant avec des petites pointes qui rouillent et forment scellements. Quand les pièces sont petites, on les dispose de façon à ce que la surface du châssis soit bien garnie. Dans ce genre de moulage sur couche en plâtre, les *coulées* sont préparées *en plomb* et elles sont obtenues en coulant du plomb dans un moule préparé sans retirer les modèles ; elles viennent se replacer sur la couche pendant l'emballage de sorte qu'il est inutile de s'en occuper ; il n'y a qu'à faire le jet d'attaque de la coulée (fig. 57).

Fig. 57. — Couche en plâtre avec modèles
et coulée en grappe en plomb.

Couches en plâtre recouvertes en métal blanc. — On fait un moule complet ; on démoule et, dans la partie du dessus, on enlève à la spatule une épaisseur de sable aussi uniforme que possible en suivant les contours du moule ; on replace sur la partie correspondante, sans avoir ôté le modèle, et par deux ou trois petits jets répartis sur le dessus, on *coule du métal blanc* sans retrait qui vient adopter la forme du modèle ; ensuite on dégage le sable de cette partie et on coule du plâtre. On peut armer le métal dans le plâtre par de petites pointes. — Cette couche est encore *plus résistante que celle en plâtre*.

PLAQUES MODÈLES

Fig. 58. — Préparation par moulage d'une plaque-modèle.

Elles suppriment l'emploi de toutes sortes de couches ;
ce sont des plaques d'épaisseur uniforme ; sur chaque

f... se trouve, en relief, la partie du modèle au-dessus et

FIG. 53. — Plaque-modèle en métal blanc.
Le trait large et noir correspond au format des châssis de moulage à employer.
Temps de moulage de 4 pièces avec modèles : 20 minutes par un mouleur.
Temps de moulage de 4 pièces avec la plaque : 5 minutes par un manœuvre.

au-dessous de la ligne de joint du modèle, il suffit d'emballer les deux parties du moule sur l'une et l'autre partie de la plaque. La plaque a la dimension du châssis, quelquefois plus et elle est percée de trous suivant les goujons du châssis. Pour obtenir la plaque modèle, on fait un moule dans un châssis plus grand que ceux dont on doit se servir. Le moule étant fait, il faut laisser entre la séparation un espace égal à l'épaisseur de la plaque ; pour cela, avec un jeu de règles en bois ou un cadre en métal, on forme un rectangle de la dimension de la plaque en surélevant la partie du dessous sur la séparation. Cette surélévation doit être faite convenablement et il faut veiller à ce que l'épaisseur de la plaque que l'on forme soit *bien égale* ; on remmoule et on a soin de placer aux coins des châssis des *cales* de même épaisseur que la plaque à obtenir de façon à ne pas écraser le sable en clavetant le moule.

Ces plaques-modèles se font en fonte ou mieux en métal blanc sans retrait (fig. 58 et 59).

CHAPITRE X

TALUS. PIÈCES BATTUES. MODÈLES DÉMONTABLES. MOULAGE EN TROIS PARTIES. MOULAGE EN SÉPARATION

Talus. — Quand une pièce présente des parties en relief verticales ou inclinées assez hautes, par rapport au joint principal qui est horizontal dans son ensemble, il y aurait difficulté à démouler le modèle dans la partie supérieure, malgré l'ébranlage entre deux sables. Pour faciliter ce démoulage, on ménage, dans la couche en sable, un creux appelé contre-bas épousant la forme de la semelle de la pièce (figure 60). En moulant la première partie, on tient compte de ce creux au point de vue de la serre du sable qui doit être accentuée à cet endroit pour durcir le sable du talus qui s'imprimera dans le creux. La première partie serrée et retournée, la couche enlevée, on lisse parfaitement le talus dont la pente régulière doit être suffisante pour obtenir un décollement et un démoulage facile s'il existe des parties trop verticales, par exemple en bout de la semelle, le talus doit avoir à cet endroit au moins 3 % de pente très régulière. Ensuite on moule la 2º partie ; on ébranle entre deux sables et, au remmoulage, il est nécessaire de rappuyer très régulièrement à la spatule le sable de ces pentes verticales, pour laisser un léger jeu entre ces parties verticales s'emboîtant l'une dans l'autre.

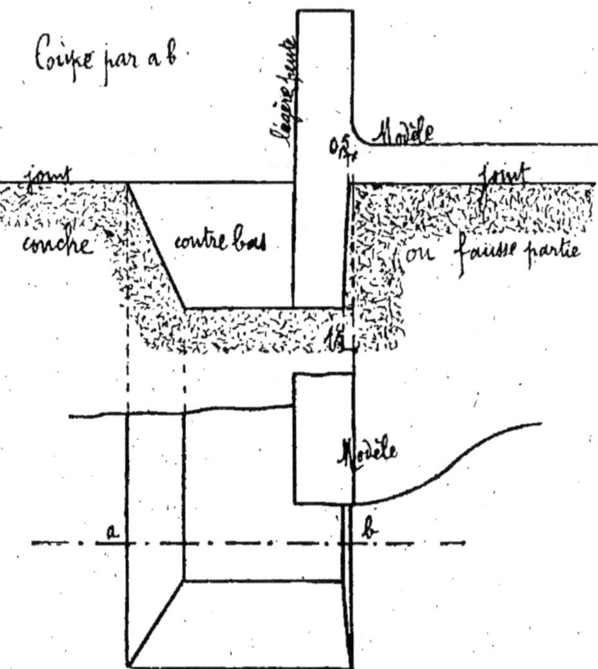

Fig. 60. — Couche préparée pour un talus.

Pièces battues. Moulage par boîte à noyau. — Quand un modèle présente des saillies empêchant sa sortie du moule, on emploie deux procédés :

1° On bat contre le modèle dans la couche une pièce en sable serré dont on a préparé le joint et qui vient épouser la forme de ces saillies ; on ménage à cette *pièce battue* un dégagement à l'arrière et sur les côtés, lui permettant de la sortir pour enlever le modèle et de la replacer

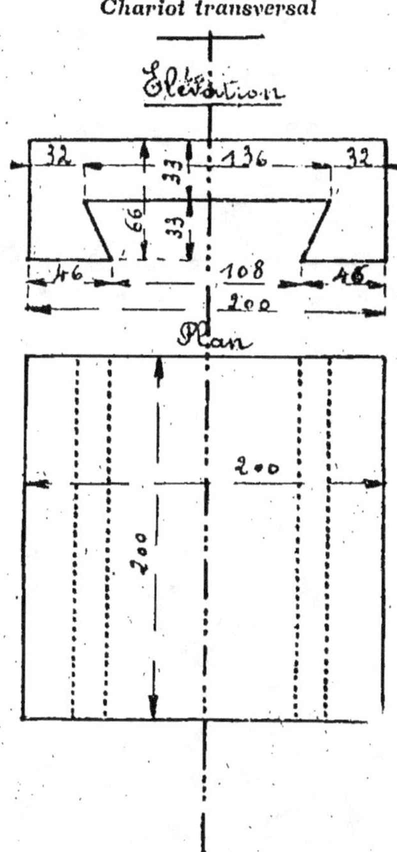

FIG. 61. — Pièce à mouler avec pièce battue
pour obtenir l'évidement en queue d'hironde.

quand on ferme le moule (fig. 61 et 62). Il faut avoir soin
de faire reposer la pièce battue sur une assise assez large

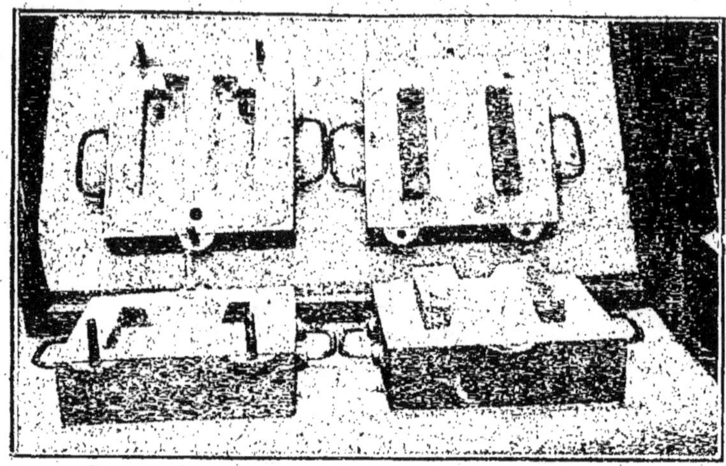

Fig. 62.
Moulage par pièce battue de la pièce de la fig. 61.

Fig. 63. — Mottes battues sur couche permettant le moulage
en deux parties d'un support à douille débordante.

et de l'épingler au sable voisin pour l'empêcher de glisser. C'est en somme un talus isolé (fig. 63).

Dans le moulage de certaines pièces, il peut exister *plusieurs pièces battues*. Dans ce cas, pour éviter toute méprise au remmoulage, on les repère dans le moule par un numérotage ou des empreintes.

Les pièces d'ornement, et en particulier les statues et objets d'arts, sont obtenues par pièces battues qui sont très nombreuses et de volumes bien différents ; leurs formes sont très irrégulières et leur numérotage devient absolument nécessaire pour les remmouler en ordre sans un tâtonnement qui amène souvent leur rupture et oblige de recommencer tout le travail.

2° *par boîte à noyau.* Dans ce cas, le modèle porte, en face des saillies ou évidements à obtenir, une *portée* comme pour un noyau et on fait un noyau dans une boîte ayant la forme de la portée d'un côté et dont les autres faces affectent la forme du relief à obtenir. Ce noyau remplace la pièce battue.

Ce procédé est plus rapide et plus facile que le précédent. Ex. poupée de tour (fig. 64).

L'inconvénient du moulage par boîtes à noyaux est de donner des bavures à chaque emboîtement des noyaux et le travail d'ébarbage est plus compliqué de ce fait.

MODÈLES DÉMONTABLES

Quand le modèle présente des *parties débordantes* telles que des oreilles, des bossages, des coulisses obliques se trouvant dans la face de dépouille des pièces, ces parties du modèle sont *démontables* et sont fixées par des vis ou des *queues d'hironde*, de façon à bien se tenir en position pendant la mise en place du modèle dans le

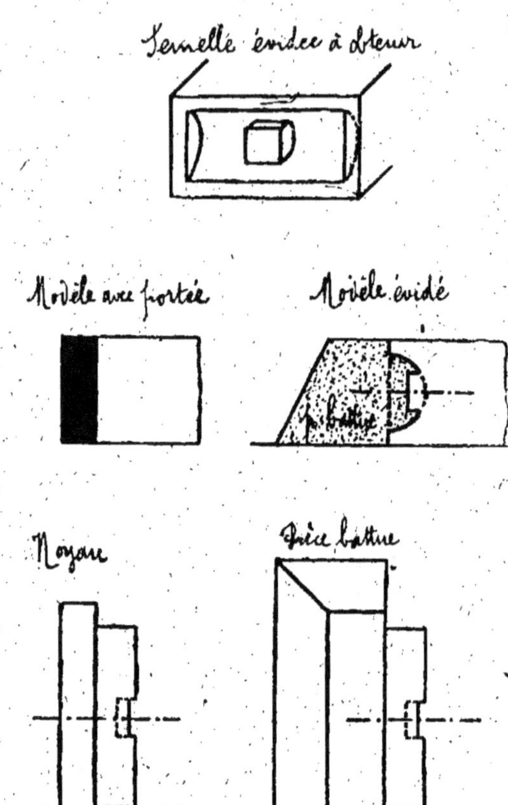

Fig. 64. — Evidement obtenu sous une semelle moulée verticalement :
1° par noyautage, 2° par pièce battue.

moule ; ces vis sont retirées avant l'emballage complet
quand les parties qu'elles maintiennent sont à moitié ser-

rées, c'est-à-dire ne peuvent plus bouger dans le moule ; de même les queues d'hironde doivent être disposées de

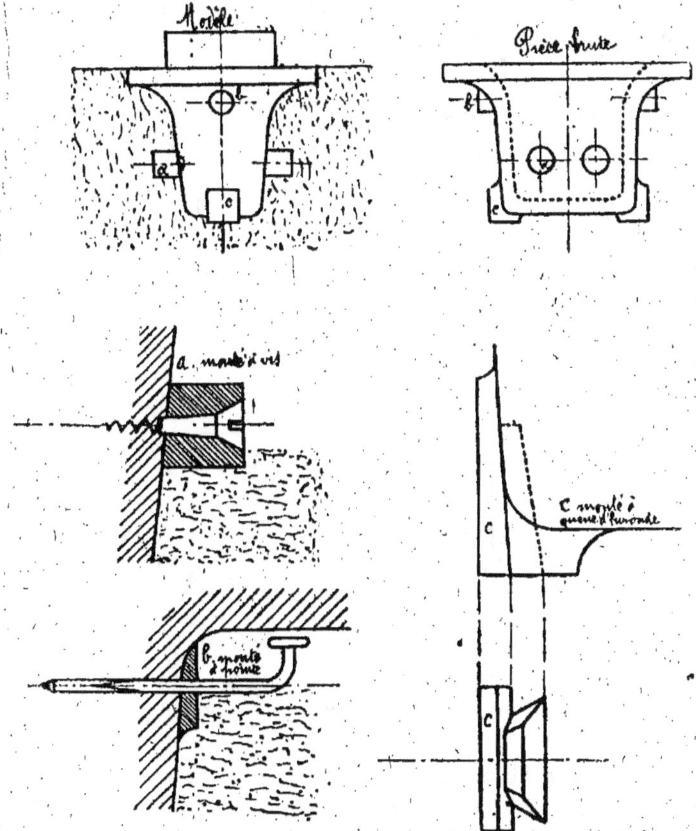

Fig. 65. — Bossages débordants montés : (a) à vis, (b) à pointe libre, (c) à queue d'hironde coulissante.

façon à laisser glisser la partie rapportée sur le modèle en démoulant la partie de châssis ; il suffit, quand le modèle est enlevé, de sortir par le vide du moule ces parties saillantes qui sont restées collées aux parois de sable et qui doivent avoir un passage suffisant dans l'évidement du moule (fig. 65 et 66). Si cette partie débordante du mo-

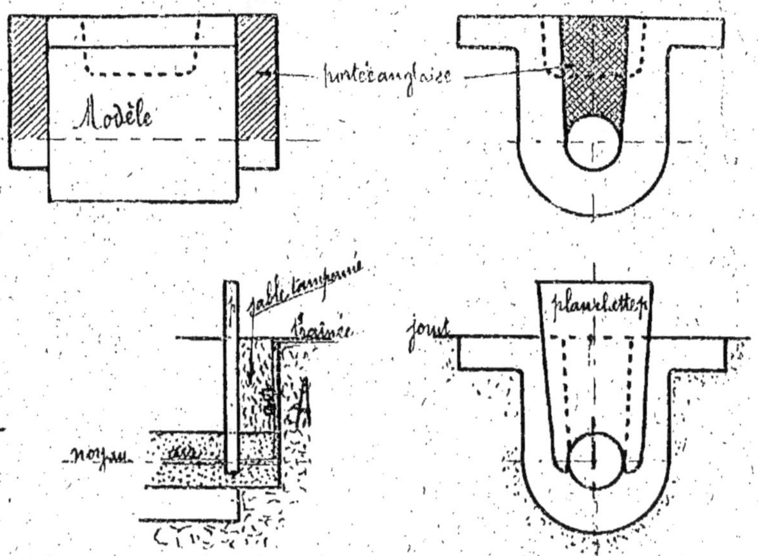

Fig. 66. — Portée anglaise.
Modèle et planchette de rebouchage de l'excédent de la portée.

dèle se trouve être une portée à noyau au lieu de faire la portée démontable, elle est fixée sur le modèle, mais se trouve prolongée jusqu'au joint ; c'est ce qu'on appelle une *portée anglaise* ; quand le noyau est remmoulé, il suffit de reboucher avec du sable le vide fait sur la paroi par l'excédent de la portée.

Quelquefois les parties rentrantes d'une pièce nécessitent un modèle démontable ; par exemple, une *poulie à gorge*, poulie à joues. Dans le cas d'une poulie à gorge de faible dimension, le modèle est coupé dans le milieu de l'épaisseur de la gorge ; le joint se fait à une base de la gorge et on moule en *battant une pièce circulaire* dans un *contre bas* que l'on fait à la couche ; ensuite on moule en deux parties, et on retire un demi-modèle d'un côté et l'autre moitié de l'autre côté (fig. 67 et 68). Si la hauteur

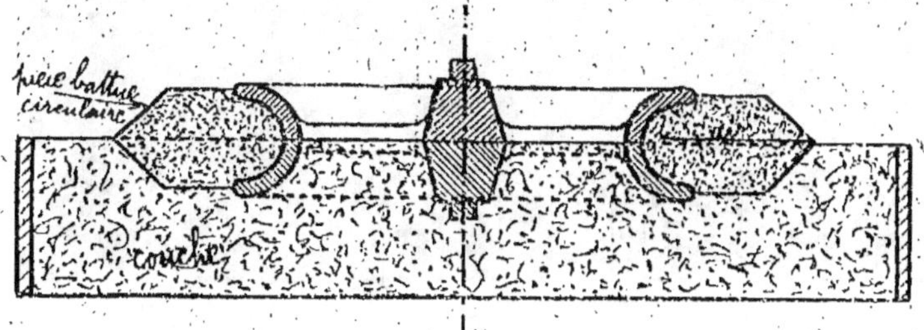

Fig. 67. — Modèle démontable de poulie à gorge
et pièce battue circulaire (Moulage en deux parties).

de la gorge était grande, on emploierait le moulage en trois parties.

Sur certains modèles, il existe des *barres* destinées à les consolider ; ces barres sont dévissées dans le moule après l'emballage de la pièce et leur emplacement rebouché (fig. 69).

MOULAGE EN TROIS PARTIES

Dans ce mode de moulage il y a *deux joints* au lieu d'un et il est nécessaire que les *modèles soient démontables*, exemple : un plateau presse-étoupe ; la bride débordant sur la boîte du presse-étoupe, il n'y a pas pos-

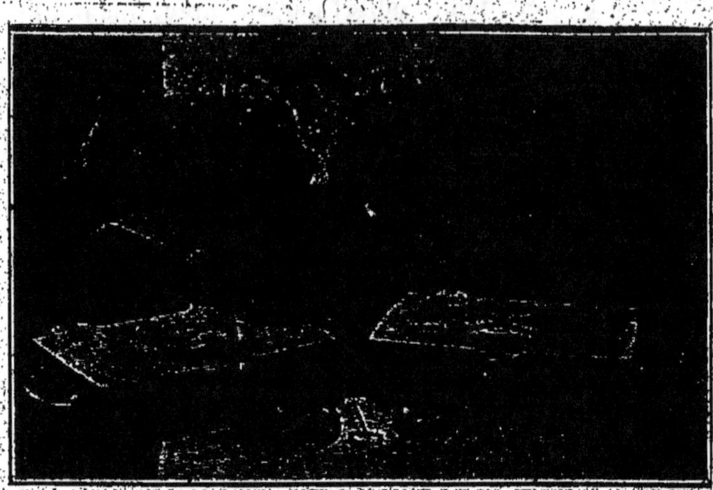

FIG. 68. — Moule ouvert de poulie à gorge.
(Photographié à l'aide d'une glace)

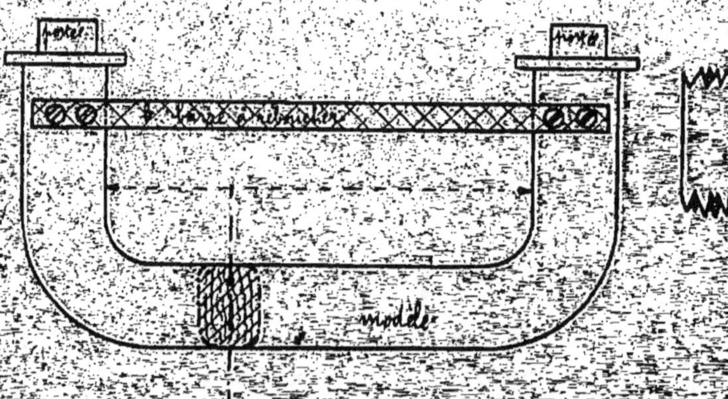

FIG. 96. — Barre à reboucher b.

sibilité de démouler le modèle d'un seul côté, la bride est

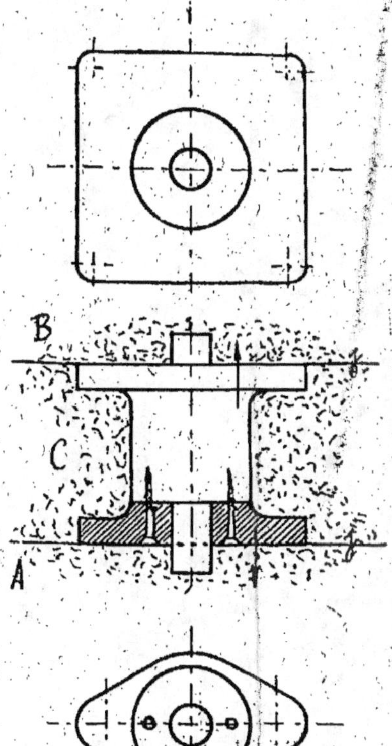

FIG. 70.
Moulage en trois parties. Modèle
démontable de presse étoupe.

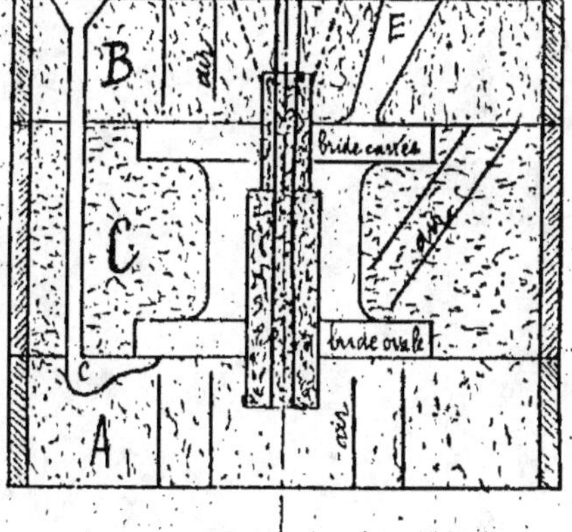

FIG. 71.
Coupe d'un moule de presse étoupe.

alors *montée à vis*. La partie de châssis du milieu possède
des oreilles sur ses deux bases et elle s'appelle la *chape*,
la hauteur de la chape est prise approchée de celle du

emballe la troisième partie ; on clavète les trois parties, on retourne, on fonce la couche et on remballe à nouveau en taillant la coulée et les évents, si c'est nécessaire.

Il suffit d'ouvrir le moule et de retirer les deux parties du modèle de part et d'autre de la chape (fig. 70 et 71).

Si c'est une poulie à gorge ou à joues que l'on a à mouler, la chape remplacera la pièce battue du moulage en deux parties.

Dans le cas où l'on aurait à mouler une pièce comportant plusieurs gorges superposées, par exemple, une noix ou poulie à chaîne de palan différentiel, il faudrait quatre parties de châssis comprenant deux chapes correspondant aux deux gorges.

Dans le cas de noyaux difficiles à poser, on utilise également le moulage en trois parties, par exemple dans un palier graisseur (fig. 72).

MOULAGE EN SÉPARATION

Certaines pièces présentent aux extrémités des bases élargies ou évidées dont les noyaux ne pourraient être introduits dans la chape qui se trouve trop étroite ; on emploie dans ce cas *le moulage en séparation* dans le sens de la hauteur de la pièce. Les modèles sont évidés et servent à battre le noyau directement dans le moule. Ils sont coupés en deux parties longitudinales et la dépouille doit se trouver dans le sens de la largeur ; l'inconvénient est que les châssis doivent être appropriés à ce genre de moulage ; à cet effet, ils sont coupés en deux et se raccordent suivant la diagonale ou le diamètre ; ils sont maintenus en place par des oreilles verticales clavetées ; la partie du dessus se remboîte comme à l'ordinaire, mais la chape est maintenue sur la partie du dessous par des demi-oreilles emprisonnant un petit goujon dans le sens de la séparation (figure 73).

Pour mouler, on procède de la façon suivante : il n'y a pas de couche ; on pose le modèle sur un *fond* ; on emballe d'abord la chape à l'extérieur du modèle ; on retourne la chape ; on monte la partie du dessous, et on emballe en même temps le noyau dans le creux du modèle et cette partie du châssis, en y mettant une forte armature. On retourne encore et on emballe la partie du dessus qui recevra la coulée. Pour retirer le modèle, on enlève la partie du dessus et, avec un couteau spécial, on *coupe* le sable sur toute la hauteur de la chape suivant la diagonale, on lisse ensuite avec une truelle : c'est ce qui s'appelle faire *la séparation* ; ensuite, par côtés, on fait glisser les demi-chapes qui entraînent avec elles chaque moitié du modèle, qu'on a eu soin de maintenir par un crochet dont on rebouche le trou. Il n'y a plus qu'à remmouler après le lissage du moule.

Moulage d'après modèles coupés suivant la ligne de joint plane ou sinueuse. — L'emploi de pareils modèles est tout indiqué chaque fois que dans un moulage en deux parties il se présente des reliefs accentués ne comportant pas de grande dépouille, par exemple : corps de robinet à boisseau (voir fig. 50). Pour un moulage semblable on procède de la façon suivante : le demi modèle sans goujon de repère se pose à plat sur le fond, on serre la première partie comme à l'ordinaire, on la retourne, on lisse le joint et on pose le deuxième demi-modèle qui se repère par des goujons sur la première moitié ; la deuxième partie du châssis se moule en

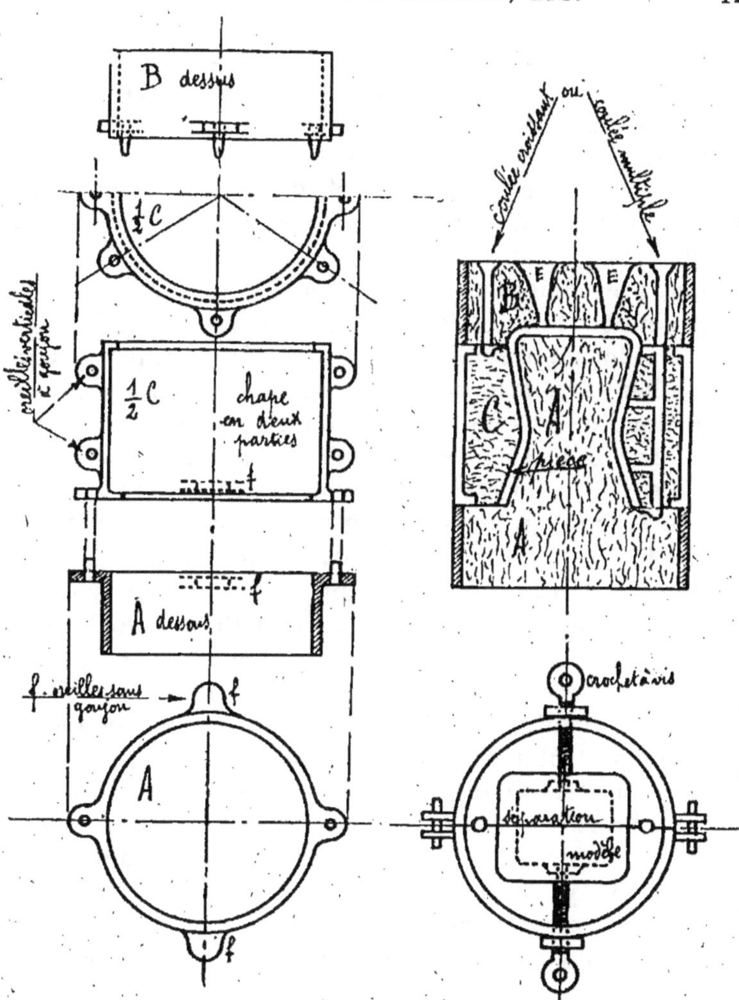

FIG. 73.

Moulage en séparation. Châssis et dispositif de moulage.

observant que si le modèle est lourd (métallique), il est
nécessaire de le maintenir en place dans le sable de la
deuxième partie par un crochet vissé ou tirefond que l'on
enlève après retournement du châssis.

Ce genre de modèle permet d'éviter la confection
d'une couche et donne un moulage plus rapide et plus
simple.

Dans un même ordre d'idée il a été construit des modèles coupés et creux dont l'évidement reproduit exactement la forme du noyau qui est généralement assez
volumineux. Ce dispositif permet la confection du noyau
en même temps que celle du moule et avec le même
sable, on met une armature, si c'est nécessaire. Exemple :
tubulure de raccord, siphon, tuyère de forge, etc...

Pour le moulage de la tubulure de raccord représentée
par la figure 74 on procèdera de la façon suivante avec
un modèle coupé en deux et représentant la pièce à obtenir : la première partie se serre sur le demi-modèle sans
goujons comme à l'ordinaire sur un fond et sans s'occuper du noyau, la partie de châssis retournée on fait le
joint en suivant le modèle y compris les parties demi-
cylindriques intérieures des extrémités de chaque partie
de tubulure en taillant et en lissant le sable en contrebas
à l'aide d'une spatule ; après l'isolement du joint on serre
le sable du noyau à hauteur du joint de coupure du
modèle, on y applique l'armature encollée (glaise ou
farine), on serre un peu de sable autour de l'armature
pour la maintenir et agglomérer le sable. Après avoir
bien nettoyé la surface de coupure des modèles et vidé le
sable logé dans les trous d'engoujonnement des modèles,
on engoujonne le demi-modèle supérieur, puis on tasse le
sable du noyau par les vides restant en bout des ouver-

tures jusqu'à ce que le noyau soit formé et serré régulièrement, on prolonge cette serre en l'accentuant en dehors
du modèle pour produire un talus symétrique au contre-
bas de la partie de dessous, on fait le joint et l'isolement
de ces talus des extrémités de sortie du noyau, ensuite on

Fig. 74. — Modèle creux en deux parties servant à battre le noyau.
Tubulure moulée.

serre la partie supérieure comme à l'ordinaire en mettant
une coulée plate.

Le demi-modèle à goujons retiré de la partie supérieure
se replace sur la première partie pour permettre le tirage
de l'air du noyau par chacun des débouchés de celui-ci
et on prolonge ces trous d'air par des traînées visibles sur
les talus ; on enlève ce demi-modèle, on referme le moule,
on le clavète, on le retourne, on l'ouvre et on enlève
l'autre demi-modèle, puis en faisant la manœuvre inverse
le moule se retrouve dans la position de coulée.

Cette tubulure mince sera coulée rapidement en tenant la coulée constamment pleine pour éviter des reprises de métal sur la pièce et des retours de gaz par la coulée, ceux-ci dégradant généralement l'attaque de la coulée, ce qui amène le rebut de la pièce.

CHAPITRE XI

MOULAGE EN PRESSE

Il est employé pour la fabrication de petites pièces de quincaillerie, bouclerie, etc... dont certaines ne pèsent que quelques grammes.

Le moulage est fait, soit à la main sur couche en plâtre et modèles métalliques, soit à la main ou à la machine sur plaque modèle (figure 75).

L'opération de moulage proprement dit se fait comme à l'ordinaire, mais dans des châssis spéciaux, généralement peu hauts, 4 à 6 centimètres, présentant sur un côté une ouverture demi-ronde de 4 à 5 centimètres de diamètre, donnant, sur la séparation où les deux ouvertures sont accollées, un vide circulaire par où se fera la coulée du moule placé verticalement. C'est d'ailleurs l'apprêt des moules pour la coulée qui caractérise le moulage en presse.

Pour le moulage sur modèles placés sur couche en plâtre avec canaux de coulée en grappe, vu la grande quantité de ceux-ci, il y a lieu d'observer qu'au lieu de sortir chacun des modèles et canaux séparément à la main et de les replacer sur la couche, ce qui serait long. une de ces couches comportant parfois cent modèles, on opère comme suit : la deuxième partie levée, c'est-à-dire le dessus, on remet sur la première partie la couche,

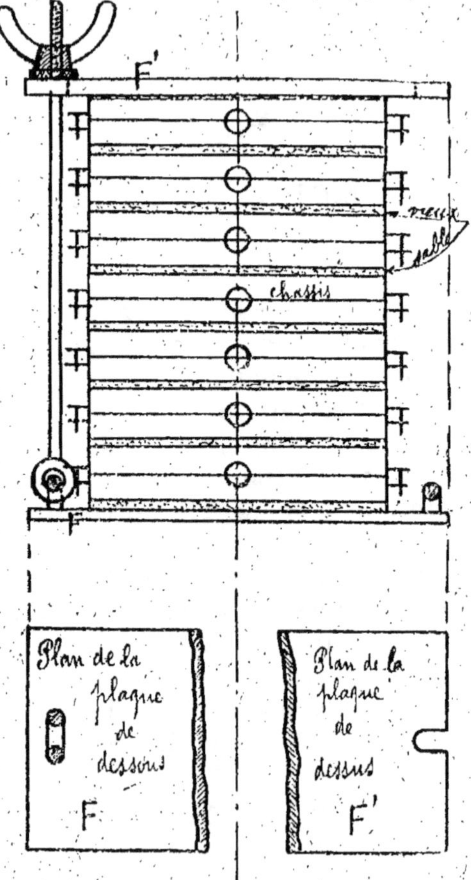

FIG. 75. — Moulage en presse.

vide de ses modèles et canaux à ce moment, on retourne
le tout ensemble sans variation, et on enlève la première

partie du moule ; les modèles et canaux restent en place sur la couche et celle-ci est prête pour un nouveau moulage. Cette manière de procéder fait gagner un temps considérable, certainement plus long que le serrage du sable des deux parties de châssis.

Pour faciliter le démoulage bien vertical, on fait usage de *démouleuses*, ou bien le mouleur soulève et sépare ses parties de châssis par des coins en bois dur emmanchés et enfoncés, successivement et régulièrement, aux quatre angles du châssis, par de petits coups de marteau.

Les moules sont alors placés au fur et à mesure de leur achèvement, sur une plaque de fonte plus longue que les châssis, et portant deux anneaux fermés dégagés des moules qui y reposent. On répand sur la plaque et entre chaque moule complet une couche de sable vieux, sec et non tassé, de quelques millimètres d'épaisseur afin de permettre le dégagement des gaz dans la masse de sable des châssis, qui sont serrés en nombre déterminé, variant suivant leur hauteur, par une seconde plaque dite de dessus, de même dimensions que la plaque de fond, mais portant deux ouvertures débouchant sur les bords et correspondant à l'écartement des anneaux ; le serrage est obtenu par deux boulons à crochet passés dans les anneaux et les ouvertures des plaques. Les écrous de serrage sont généralement des écrous à manettes ne nécessitant pas de clé pour les manœuvrer.

Le moule serré est culbuté de façon à ce que les ouvertures des coulées soient par dessus, les châssis étant alors verticaux ou à peu près.

Cette façon de procéder a beaucoup d'avantages dans la fabrication des petites pièces :

1° Elle évite l'encombrement des chantiers et le portage des châssis ;

2° elle supprime le clavetage des moules ;

3° le poids de la coulée est réduit à son minimum par rapport au poids des pièces par la coulée en grappe, et il faut remarquer que, dans la fabrication de petites pièces, qui souvent ne pèsent que quelques grammes, le poids des coulées est supérieur au poids des pièces ; il devra être tenu compte des frais de fusion de ces poids de coulées dans le prix de revient, ces frais devant être récupérés sur le prix des pièces ;

4° les pièces étant coulées debout dans les moules verticaux, le métal reçoit plus de pression dans le moule, les pièces à fin relief viennent bien, sont plus saines, surtout celles en bronze et laiton, pour lesquelles les canaux et jets de coulée tiennent lieu de masselottes et d'évents.

CHAPITRE XII

QUELQUES EXEMPLES DE MOULAGE

EXEMPLE TYPE Nᵒ 1

CRAPAUDINE (FONTE) Fig. 76 et 77)

POINTS PRINCIPAUX. — Moulage en trois parties à cause de la hauteur du dessous. Event massif sur la semelle, coulée à talon en croissant. Noyau chambré borgne, à une seule portée d'encastrement dans le dessous. Remmoulage avec centrage et épinglage du noyau.

Temps mis par un ouvrier moyen.	Moulage. . . .	25 minutes
	Noyau	5 —
	Remmoulage . .	10 —
	TOTAL	40 minutes

Temps accordé à un apprenti : 1 h. 20 m.
Valeur de la main-d'œuvre : 2 fr,

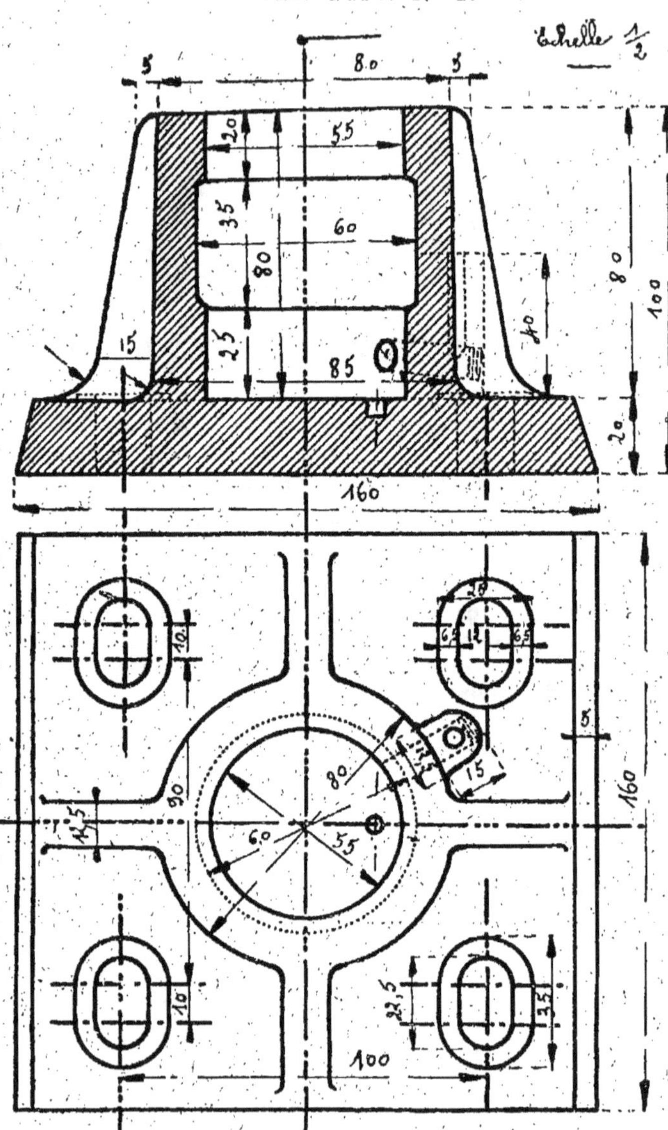

Fig. 76. — Crapaudine, fonte. Poids : 7 k. 100.

EXEMPLE TYPE Nº 2.

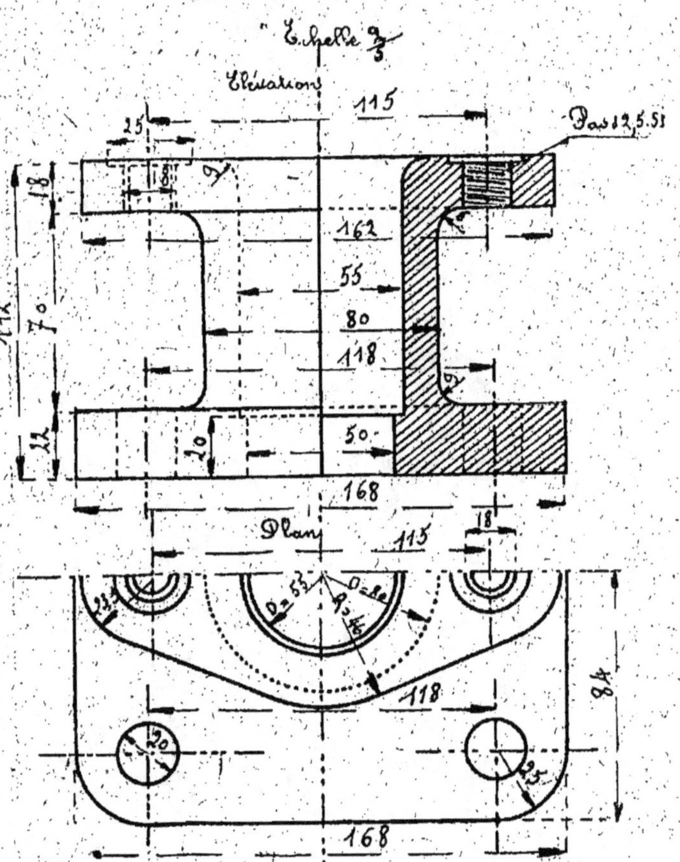

FIG. 78. — Corps de presse étoupe ; fonte. Poids : 8 k. 500.

FIG. 79. — Moule d'une presse étoupe.

POINTS PRINCIPAUX — Moulage en trois parties par chape sur modèle démontable (voir fig. 71). Coulée en source, un évent massif sur côté de la bride carrée ou sur le dessus. Noyau central à jour à tamponner.

Temps mis par un ouvrier moyen.
Moulage	45 minutes
Noyau	5 —
Remmoulage . .	5 —
TOTAL	55 minutes

Temps accordé à un apprenti : 1 h. 50 m.
Valeur de la main-d'œuvre : 2 fr. 70.

EXEMPLE TYPE N° 3.

Support de vérification.

Echelle ⁴⁄₁₀

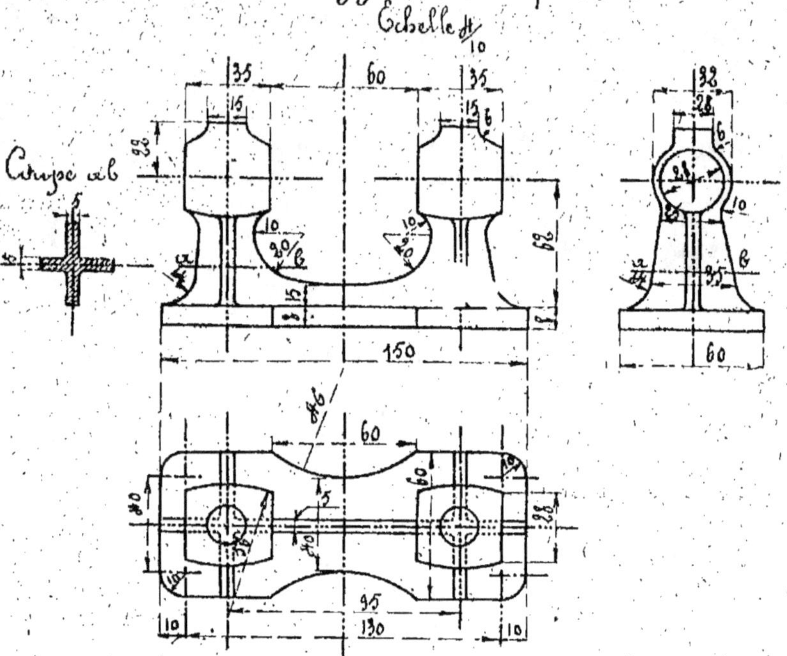

FIG. 80. — Support de vérification, fonte. Poids : 1 k. 500.

FIG. 81. — Moule de support de vérification.

POINTS PRINCIPAUX. — Moulage en deux parties de deux pièces dans le même moule. Couche en sable avec contre-bas. Inclinaison légère des semelles des modèles pour la dépouille. Ebranlement léger entre deux sables. Eviter la variation. Canal de coulée double à talon. Pas d'évent. Tirer de l'air dans les angles rentrants des nervures pour éviter les pourritures ou porosités.

Temps mis par un ou- { 1er moule et couche . 35 minutes
·vrier moyen.   { Moules suivants . . 18 —

Temps accordé à un apprenti : 1 h. 10 et 35 m.
Valeurs de main-d'œuvre : 1 fr. 50 et 0 fr. 75
____
pour 2 pièces

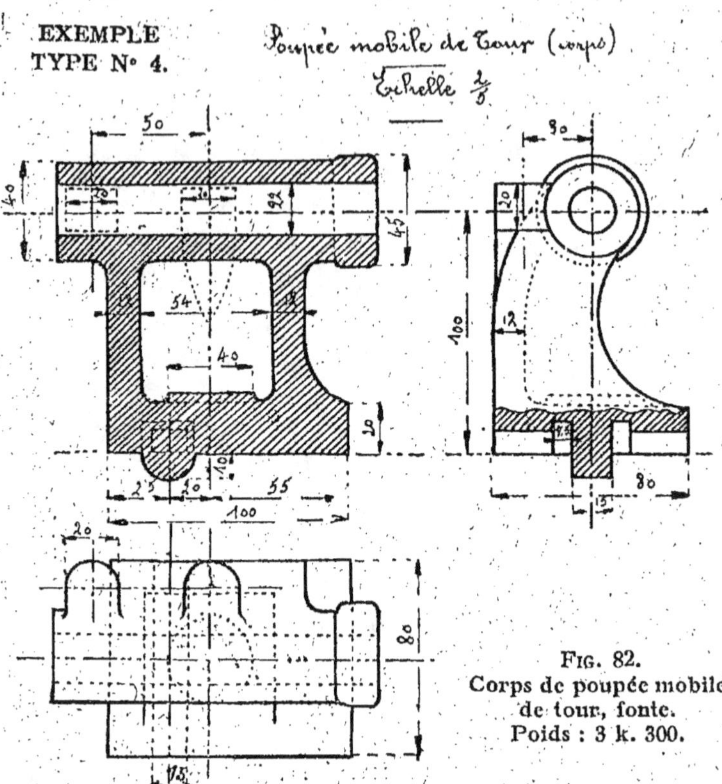

FIG. 82.
Corps de poupée mobile
de tour, fonte.
Poids : 3 k. 300.

POINTS PRINCIPAUX. — Moulage en deux parties. Couche en sable, joints sinueux avec talus pour la semelle. Coulée à talon sur le canon, évent massif sur la semelle. Evidement du corps obtenu par un noyau suspendu par trois crochets inclinés pour gagner de la solidité. Evidement de la semelle obtenu par noyau appuyé sur le talus.

Temps mis par un ouvrier moyen	Moulage. . . .	37 minutes
	Noyaux. . . .	38 —
	Remmoulage . .	15 —
	TEMPS TOTAL.	90 minutes

Temps accordé à un apprenti : 3 heures.
Valeur de main-d'œuvre : 4 fr. 50

EXEMPLE TYPE Nº 5

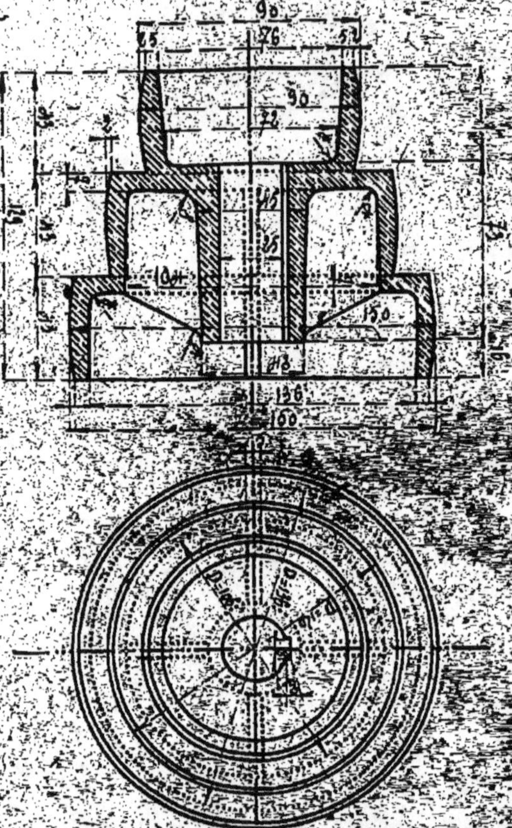

Fig. 84. — Cône étagé, fonte. Poids 6 k. 300.

Fig. 85. — Moulage [illegible] en dessus et dessous (photographie prise sur glace).

PRINCIPE À SUIVRE. — Moulage en [illegible] parties par chape [illegible] dans le vide du petit chien. — Modèle de [illegible] navires démontables, pris de [illegible] libres dans [illegible] [illegible] des [illegible]. Échappement des gaz de [illegible] [illegible] à [illegible] [illegible] B [illegible] du coin A. [illegible] [illegible] [illegible] [illegible] [illegible] [illegible] grand étage. Noyau [illegible] [illegible] [illegible] [illegible] [illegible].

Temps mis par un ouvrier moyen	Moulage	5 minutes
	Noyau	5
	Remmoulage	5
	Total	15 minutes

Temps observé sur appareil [illegible].
Villard de [illegible] [illegible] [illegible] 70

EXEMPLE TYPE Nº 6.

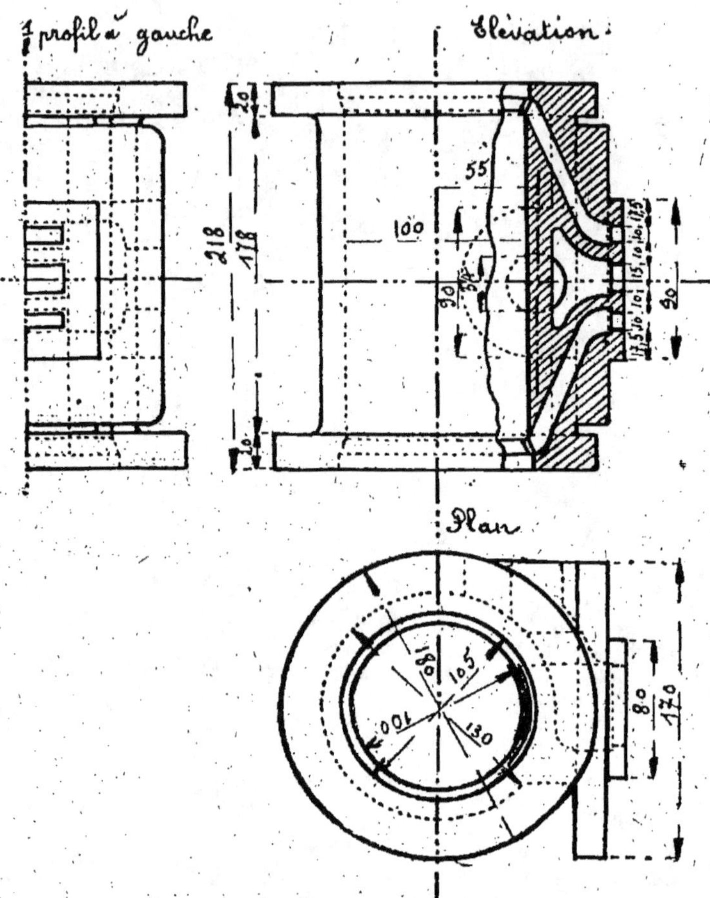

FIG. 86. — Cylindre de machine à vapeur de 3 chevaux.
Fonte. Poids : 20 kilos.

POINTS PRINCIPAUX. — Moulage en deux parties. Couche en
sable. Talus pour la table ; distribution démontable par vis.

FIG. 87. — Moulage du cylindre à vapeur, figure 86.

Motte pour la bride rectangulaire. Un évent massif sur chaque
bride circulaire et rectangulaire. Coulée à talon sur le corps
du cylindre. Noyautage en sable blanc avec armatures cintrées
pour les canaux d'admission ; le noyau d'échappement et le
noyau d'alésage seront en sable à noyau ordinaire avec armature et trou d'air par queue de rat. Remmoulage, placement
des trois noyaux de canaux attachés et réglés à distance sur la
glace de distribution et encastrés sur le noyau central d'alésage.

Temps mis par un ouvrier moyen		
Moulage	. . . .	4 heures
Noyaux	. . . .	1 h. 45 m.
Remmoulage	. .	1 h. 15 m.
TOTAL	. . . .	7 heures

Temps accordé à un apprenti : 20 heures.
Valeur de main-d'œuvre : 24 fr.

Boîte de distribution pour tiroir cylindrique de Pilon

Echelle 2/10

Demi-Profil

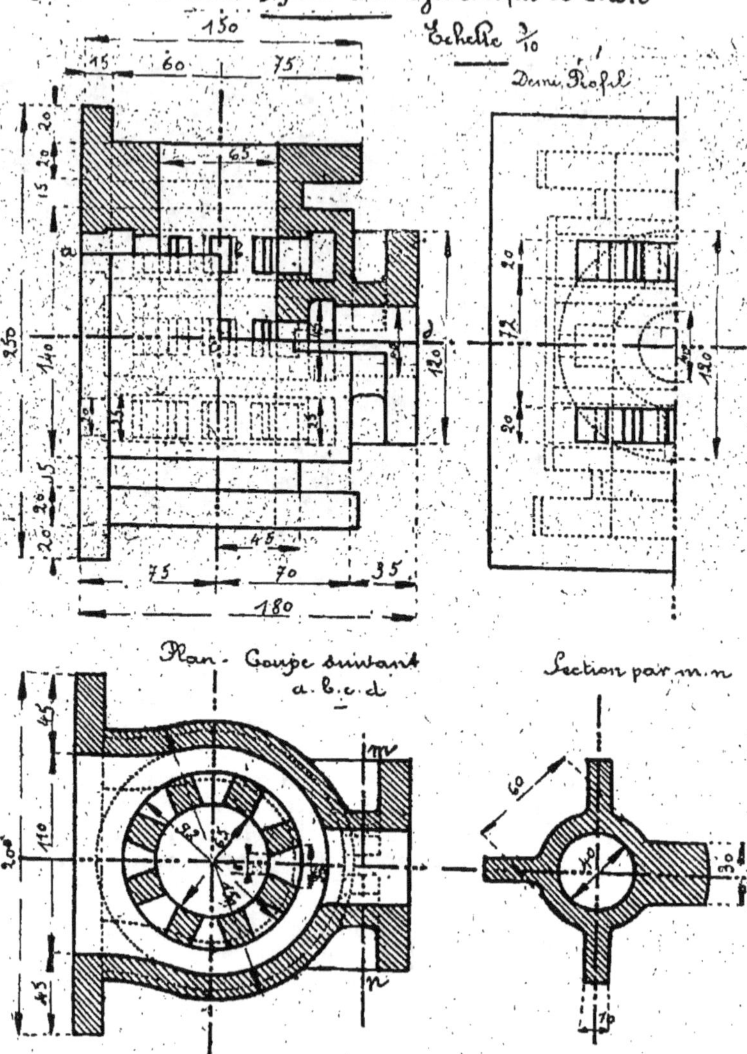

FIG. 88. — Boîte de distribution à tiroir cylindrique pour pilon.
Fonte Poids : 20 kilos.

Fig. 89. — Moulage de la boîte de distribution de la figure 88.

Points principaux. — Moulage en deux parties. Présente beaucoup d'analogie avec le moulage du cylindre à vapeur précédent, mais d'un noyautage et d'un remmoulage plus délicat. Armatures ligaturées ; noyaux de sections découpées ; dégagement des gaz par queue de rat dans les noyaux, qui s'emboîtent l'un dans l'autre pour former l'évidement central et qui sont maintenus en place par des supports.

Temps mis par un ouvrier moyen.

Moulage .	.	5 h. 15 minutes
Noyautage	.	3 h.
Remmoulage.		45 —
Total		9 heures

Temps accordé à un fort apprenti : 25 heures.
Valeur de main-d'œuvre : 30 fr.

DEUXIÈME PARTIE

CHAPITRE XIII
MOULAGE AU TROUSSEAU

La confection des modèles en bois ou en métal étant toujours coûteuse, surtout quand le nombre des pièces à mouler est très réduit et n'amortit pas cette dépense, on remplace le moulage d'après modèle quand c'est possible par le *moulage au trousseau*.

On opère au *trousseau circulaire* quand les pièces affectent des formes de révolution telles que : poulies, volants, engrenages, etc, et au *trousseau linéaire* quand elles affectent des formes prismatiques non compliquées telles que chabottes, plaques de chaudière, tubulures, etc...

Quelquefois les deux procédés sont employés ensemble, surtout dans l'obtention de détail des pièces : bras de poulie, rainures de plateau, etc...

TROUSSEAU CIRCULAIRE

Il repose sur le principe du volume engendré par une surface limitée par des lignes droites ou courbes, tournant autour d'un axe fixe. Il y a une manière d'opérer différente pour chaque pièce ; le moulage est plus long et demande plus d'intelligence et de réflexion de la part de l'ouvrier qu'un moulage sur modèle ; il exige la lecture d'un dessin.

Description du trousseau circulaire. Un arbre cylindrique, tourné et calibré, placé verticalement repose dans une crapaudine en fonte par un emmanchement conique le centrant et empêchant tout jeu dans l'emmanchement. La crapaudine est calée dans le sable tassé fortement à hauteur convenable pour ne pas gêner le moulage. Sur l'arbre du trousseau glisse et tourne à frottements doux un bras mobile appelé *volée ou porte planche*, il est percé de trous ou de coulisses radiales permettant d'y assujettir et régler, dans un plan *diamétral*, les planches à trousser, qui donnent par leur rotation autour de l'arbre et leur descente progressive le long de cet arbre, la forme et la hauteur des évidements dans le sable d'un châssis destiné à obtenir la pièce désirée (figure 90). Les planches à trousser se font en tôle ou en bois. Dans celles en bois, les parties utiles, c'est-à-dire celles qui affectent une portion du profil du contour apparent de la section diamétrale de la pièce, sont taillées en biseau à 70°, pour

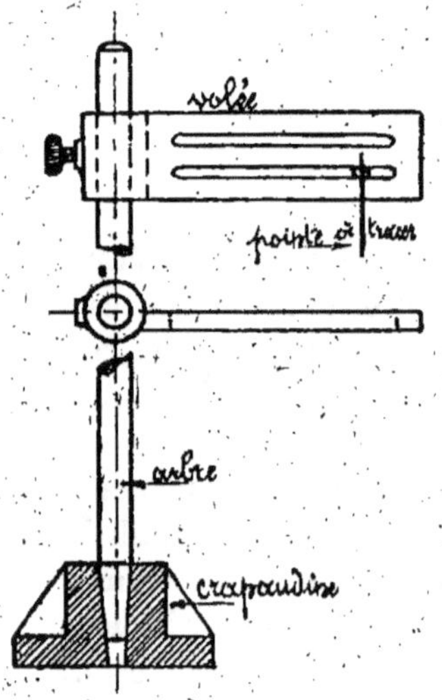

Fig. 90.
Trousseau circulaire simple.

qu'en manœuvrant la planche le biseau coupe régulièrement le sable en traçant le profil dans le sens du biseau.

Quelquefois, pour de petites pièces, le trousseau repose sur une table robuste afin d'éviter à l'ouvrier de travailler au niveau du sol de la fonderie, ce qui est toujours fatigant et par suite plus long.

Chaque fois que l'ouvrier aura à prendre des mesures, pour le réglage des planches ou autres, il aura soin de se servir d'un mètre à retrait, attendu qu'il confectionne un moule qui aurait été fait avec un modèle construit en tenant compte du retrait nécessaire.

Nous allons examiner le moulage au trousseau de quelques pièces-types, auquel il sera toujours facile d'assimiler les moulages que l'on peut rencontrer fréquemment et comportant des différences de détail entre eux.

Moulage d'un plateau. — Nous devrons obtenir

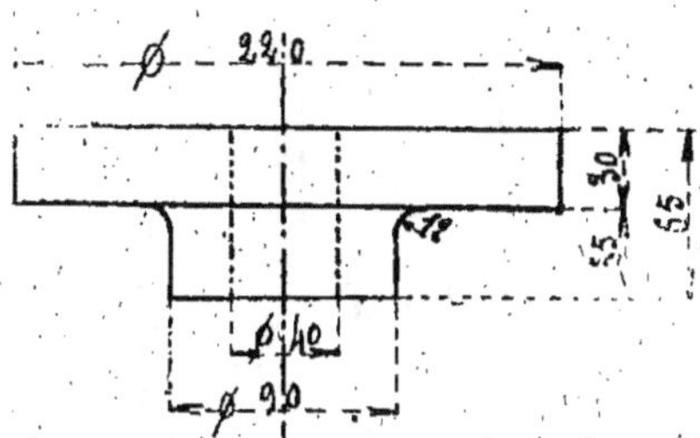

Fig. 91. — Plateau circulaire.

un moule fini présentant la disposition de la figure 92 et correspondant au dessin de la pièce représenté par la figure 91. Suivons le travail fait par l'ouvrier pour obtenir ce résultat et nous l'analyserons ensuite.

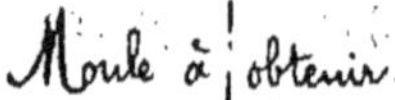

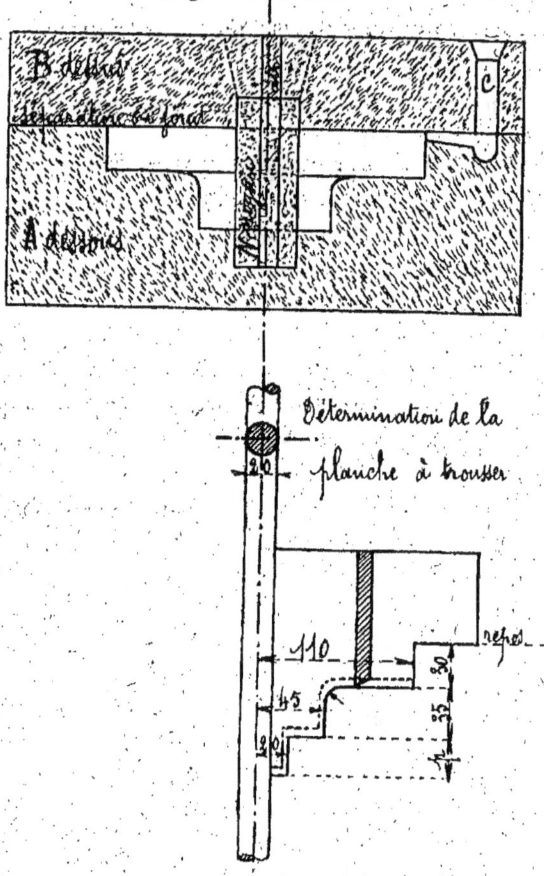

FIG. 92. — Moule à obtenir et planche à trousser du plateau
circulaire de la figure 91.

Nous choisirons un jeu de deux parties de châssis de 350 m. × 350 m. ayant 120 à 150 m/m de hauteur. Ce choix étant fait :

1° Poser le châssis A dans l'axe de l'arbre du trousseau (point de rencontre des diagonales). Ce châssis ne devra plus bouger avant la fin du moulage.

2° Remplir de sable vieux ; le tasser en laissant suffisamment de place pour remplir avec du sable tamisé l'emplacement de la pièce.

3° Remplir de sable tamisé et serré de façon à ce que la surface déborde le châssis.

4° Monter sur la volée une planche droite, de façon que l'arête taillante inférieure soit d'équerre avec l'arbre du trousseau pour former, par rotation de la planche, un plan semblable à la base d'un cylindre droit à base circulaire. Ce réglage étant fait, descendre la volée jusqu'à ce que la planche affleure le sable en tournant, ensuite descendre petit à petit pour entamer le sable et en enlever une épaisseur de quelques millimètres à chaque tour, ce sable enlevé est rejeté en dehors du châssis pour ne pas alourdir le travail et pour voir plus clair ; quand l'arête de la planche arrive à 1 m/m du plan de séparation du châssis, on saupoudre du sable tamisé fin que l'on frotte légèrement à la main pour reboucher les petites traces laissées par la planche ; on refait un tour ou deux de planche pour régulariser la surface sans baisser la volée. On lève la volée, on lisse parfaitement à la truelle et on isole au moyen de gris ou de brique pilée (fig. 93).

Tracer une circonférence de repère du diamètre de la pièce (220 mm) qui fera voir dans la partie supérieure

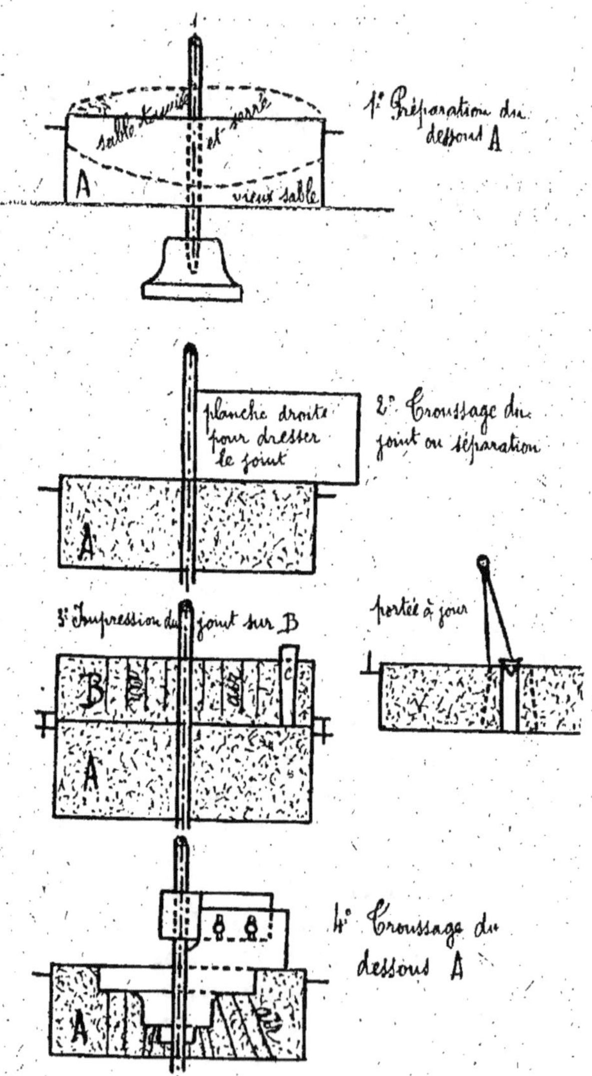

FIG. 93. — Phases du troussage de la pièce figure 91.

l'emplacement occupé par la pièce et sera lissé en son temps.

5° Placer la partie supérieure B du châssis comme pour un moule ordinaire ; mettre la forme de la coulée en bois ou en caoutchouc et mettre du sable dans le châssis en procédant comme pour un moulage ordinaire. Le joint sera fait de cette façon sur la partie supérieure B.

6° On enlève l'arbre du trousseau ; on lève la partie B du châssis ; on la retourne et on lisse au moins l'emplacement occupé par la pièce, lequel a été repéré sur le joint.

Il reste à faire la portée à jour du noyau : si le diamètre du noyau est supérieur à celui de l'arbre, on place, dans le trou laissé par l'arbre, une portée de la grosseur de ce dernier munie d'un point de centre qui recevra la pointe d'un compas à pointes pour tracer le diamètre de la portée ; on creuse celle-ci à la spatule ou avec la lame d'un crochet, en tenant compte que la portée doit être évasée vers l'extérieur ; si le diamètre du noyau est plus petit que le trou laissé par l'arbre du trousseau, on rebouche complètement ce trou avec du sable neuf bien serré et on creuse la portée en se guidant sur le cercle imprimé par la partie de dessous ou sur un semblable plus petit prévu et fait à cet effet.

Il n'y a plus à toucher à la partie supérieure qui est mise à l'abri des chocs et poussières.

Le travail qui a été fait jusqu'ici a servi à obtenir le joint du moule et l'emplacement qu'aurait occupé le modèle dans la partie supérieure B.

7° Il reste à faire, dans la partie inférieure A, l'emplacement du modèle ou de la pièce à obtenir, au moyen

Avant de trousser cette deuxième partie, ne pas oublier de tirer de l'air, car le sable en est plus serré que dans le moulage ordinaire, et par conséquent a besoin de beaucoup plus de trous d'air.

Après avoir remis l'arbre dans la crapaudine et réglé la planche du profil sur la volée, on amène la planche à trousser en contact avec le sable du moule ; on descend progressivement, et seulement quand on a fait un tour complet sans râcler de sable, on évacue le sable au fur et à mesure qu'il s'amasse en trop grande quantité devant la planche, pour ne pas se fatiguer inutilement. Quand la planche est descendue juste à fond et que son rebord limitant la profondeur affleure le joint de séparation, on frotte du sable à la main comme on l'a fait dans l'autre partie, pour reboucher les petits trous ; on repasse la planche sans la descendre, pour obtenir une surface bien propre et régulière ; on enlève tout le sable amassé devant la planche ; on retire la volée ainsi que l'arbre, et avec des outils appropriés : truelle, spatule, lissoirs vifs ou à congé, on lisse toute la surface utile du moule. Enfin, on taille la coulée appropriée.

8° Ensuite, on fait l'emplacement du noyau à la profondeur voulue par un procédé analogue à celui employé dans la partie supérieure B.

9° D'une façon générale, à cause de la serre plus forte donnée au sable des moules troussés, ceux-ci sont passés à l'étuve ou séchés sur place après avoir été recouverts intérieurement d'une couche liquide de noir d'étuve ou de plombagine mise avec un blaireau très doux.

Le moule est fini et on place le noyau au moment de la coulée comme pour un moule ordinaire.

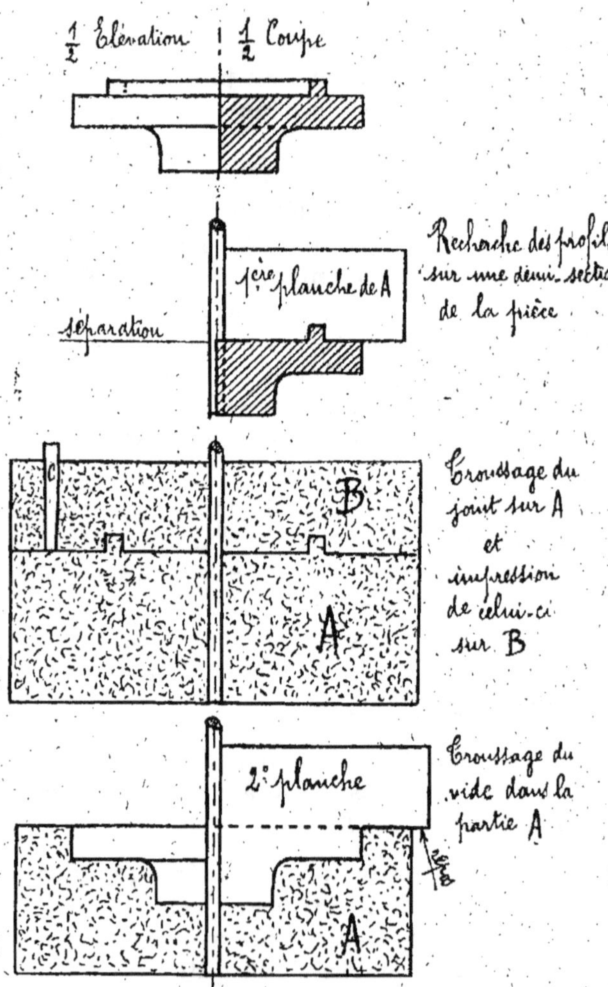

FIG. 95. — Impression de relief dans la partie du-dessus.
Plateau à cordon d'emboîtement.

Si nous analysons le travail qui a été fait pour obtenir
ce moule, nous voyons que : 1° nous avons déterminé une
surface de séparation, et ce à l'aide du dessin ; 2° la
surface de séparation étant plane dans la partie supérieure et comme il serait incommode de trousser en l'air,
nous avons formé cette séparation sur la partie inférieure
A et nous avons appuyé la partie supérieure B du châssis
sur la première, pour obtenir sa forme qui est ici un
plan ; 3° nous avons pratiqué, dans le sable de la partie
A, qui ne doit pas bouger ni varier pendant toute la

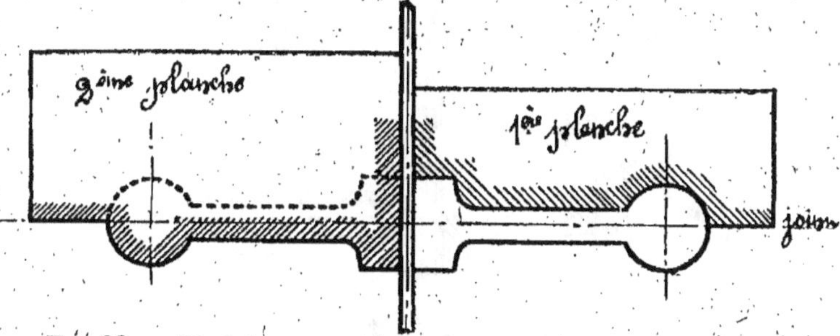

Fig. 96. — Planches pour trousser un volant à boudin à toile.

durée du moulage, le vide nécessaire pour obtenir la
pièce ou la portion de volume de la pièce troussée, et
cela toujours d'après le dessin qui sert à déterminer le
profil des planches à trousser.

On opérera toujours ainsi, même quand la séparation
ne sera plus un plan, mais pourra être composée elle-
même de reliefs et de creux, tels que le plateau de la
figure 95. Il y aura lieu alors d'obtenir d'abord sur la
partie inférieure la forme de la pièce (*surface d'impression*) qui s'imprimera ensuite dans la partie supérieure.
Il conviendra de charger en sable serré dur la partie

inférieure A pour qu'il en reste suffisamment pour trousser les reliefs que l'on veut obtenir, et qui doivent former les empreintes des creux dans la partie supérieure B.

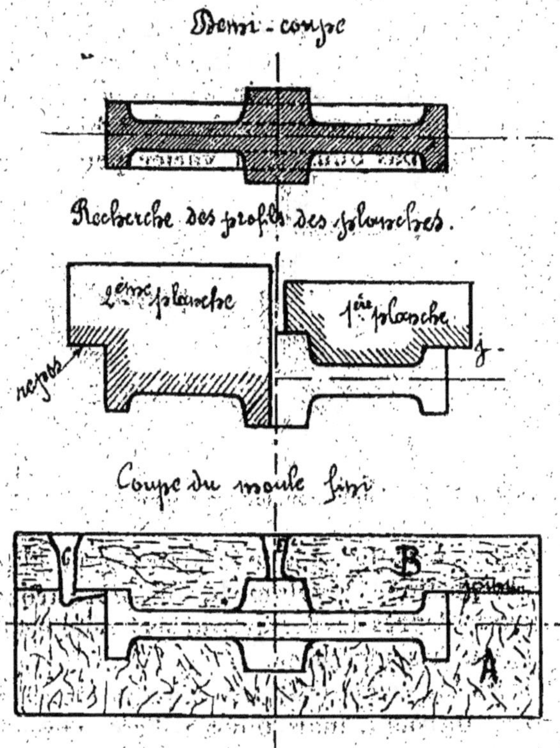

Fig. 97. — Troussage d'un galet à toile.

Ci-après quelques exemples de troussage de pièces
simples : volant à boudin à toile figure 96 et galet à toile
figure 97.

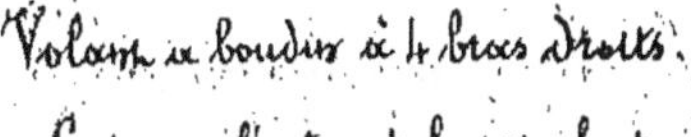

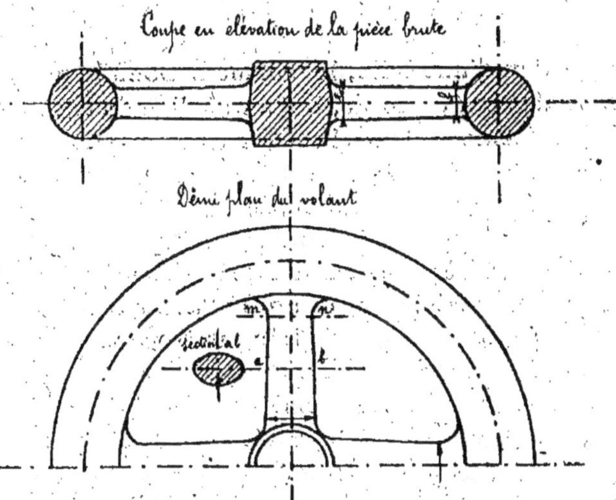

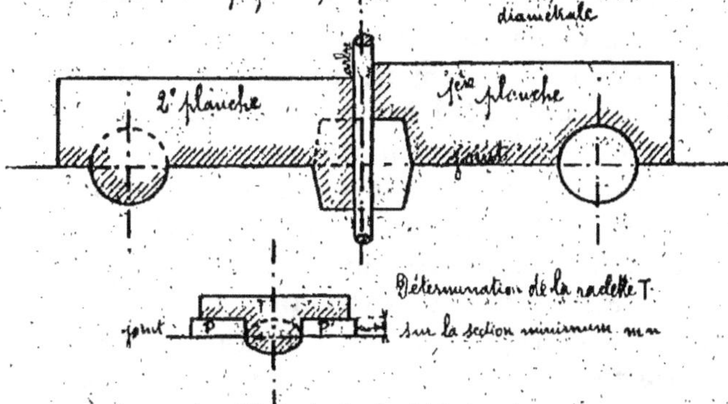

Fɪɢ. 98. — Troussage d'un volant à boudin à quatre bras.

DIVISION AU TROUSSEAU CIRCULAIRE

Si, au lieu d'une toile, le volant à boudin portait des bras, quatre par exemple, il y aurait lieu de tenir compte de l'emplacement de ces bras au troussage du moule, en opérant de la façon suivante (fig. 98). La séparation serait faite en passant par le milieu de l'épaissenr des bras : la planche à trousser ne tiendra pas compte de l'épaisseur de ces bras. Après préparation de la surface d'impression sur la partie inférieure, et après l'avoir saupoudrée de brique pilée, d'isolant ou de talc, on tracera à la pointe à tracer, sur cette séparation, un diamètre, en se servant d'une règle à encoche demi-circulaire d'un diamètre égal au diamètre de l'arbre du trousseau, pour qu'en appliquant cette règle sur celui-ci, le bord de la règle passe par le centre et donne un diamètre de la pièce moulée (fig. 99); ensuite sans que la règle ne bouge, on appliquera sur son bord une équerre à 90° portant une entaille en quart de cercle au sommet de l'angle droit, et correspondant également au diamètre de l'arbre du trousseau, puis on tracera un trait de part et d'autre et d'équerre au trait tracé par la règle.

Ces traits de division devront être visibles sur la jante et le moyeu, et servir de repères pour tracer les bras, au moyen d'une planchette affectant la forme en longueur du bras, et, portant aux extrémités un repère dans l'axe, qui devra se rapporter avec le tracé précédent.

Cette forme étant en place, on en tracera le contour avec une pointe à tracer, successivement pour chacun des bras.

Tous ces traits s'imprimeront sur la partie supérieure B

quand on l'emballera sur sa forme en sable troussée dans la partie inférieure A.

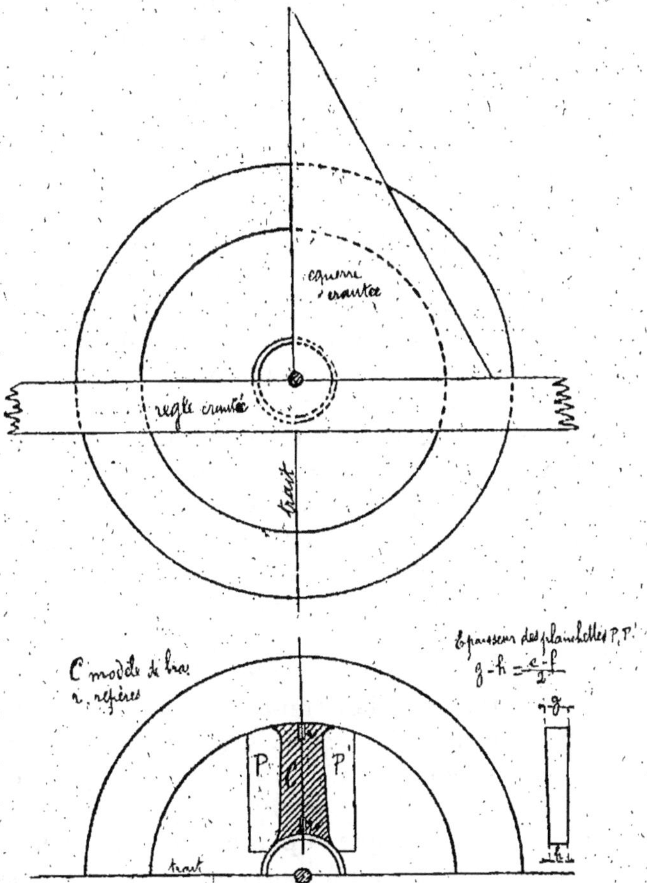

FIG. 99. — Division et troussage des bras du volant à boudin de la figure 98.

Ces tracés étant faits, on serre le sable dans la partie

supérieure comme précédemment, en mettant sur la séparation suffisamment de sable tamisé fin pour trousser les bras dans son épaisseur. Avant de lever la partie supérieure B, on ébranle le châssis par l'extérieur à cause du relief formé par le demi-modèle troussé en sable ; cela facilite le décollement des sables, opération communément appelée *ébranlement entre deux sables*. La partie supérieure B, levée et retournée à plat sur la table, est lissée dans la partie formant la jante et le moyeu sans effacer les traits imprimés indiquant la place des bras.

A partir de ce moment, on peut trousser les portions de bras de la partie supérieure B, en procédant de la façon suivante : enfoncer à chaque extrémité, et de part et d'autre du tracé du bras, des pointes de mouleur destinées à maintenir en place devant les repères la forme C du bras que l'on descend entre elles ; ensuite enlever deux pointes d'un côté et appliquer sur ce bord de la forme C une planchette P complémentaire coïncidant exactement avec ce bord ; fixer cette planchette P par des pointes de mouleur ou par une charge pour l'immobiliser ; procéder de même pour l'autre bord, puis enlever la forme C et trousser le demi-bras entre les deux planchettes P et P', qui servent de guides, au moyen d'une tôle ou d'une planchette ayant la forme de la demi-section du bras, en enlevant le sable au fur et à mesure. Généralement les bras sont plus épais au moyeu qu'à la jante et c'est pour cette raison que les planchettes P et P' sont plus minces près du moyeu, de façon à ce que la planche fasse à cet endroit un évidement plus profond correspondant au dessin. Passer la gouge ou la spatule dans le creux, sur le bord de la séparation, avant d'enlever les planchettes pour aviver l'angle ; enlever les planchettes et finir le lissage du demi-bras, et les congés de raccordement, au moyen des outils appropriés : gouges, gueules de crapaud, lissoirs, etc...

Procéder de même pour chacun des demi-bras de la partie supérieure B, puis, après troussage de la partie inférieure A, obtenir les demi-bras d'une façon identique, et finir le moule comme à l'ordinaire.

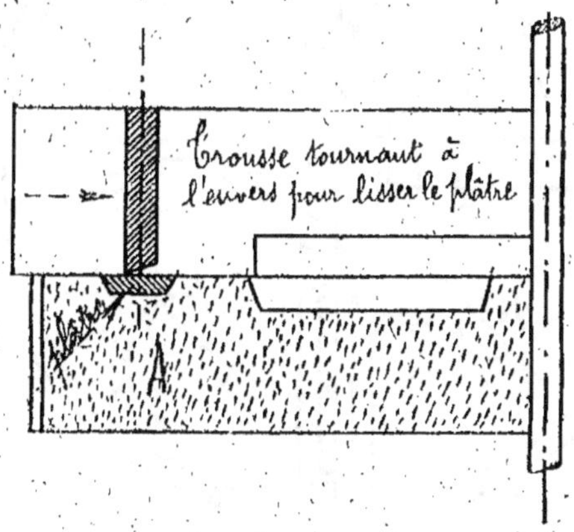

FIG. 100. — Troussage d'une rainure circulaire en plâtre pour division.

Il peut se présenter des pièces ayant des bras, des bossages ou d'autres parties symétriques en nombre différent de quatre, par exemple, 3, 5, 6, 8, etc... Dans ce cas, par application d'un moyen géométrique ou par tâtonnement on fait la division sur une circonférence tracée en dehors de la pièce avec une pointe à tracer, adaptée à la volée du trousseau. Quand la division doit être rigoureuse et doit se faire sur un grand diamètre, on peut trousser une rainure circulaire assez éloignée de l'empla-

cement que doit occuper la pièce dans le moule. On
coule, dans cette rainure, du plâtre que l'on nivelle avec

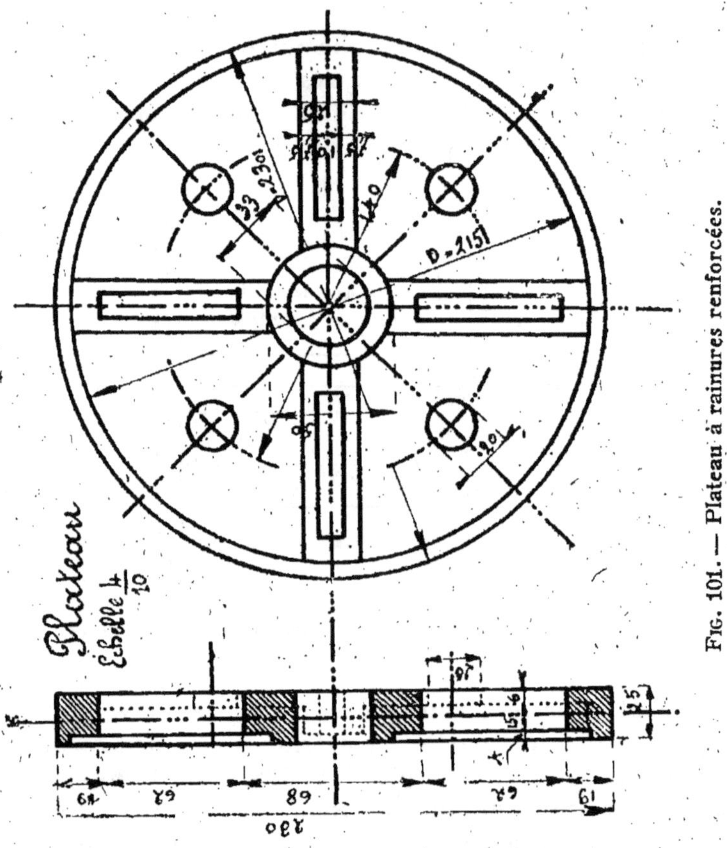

FIG. 101. — Plateau à rainures renforcées.

la planche, en observant que le troussage du plâtre se
fait en tournant en sens inverse du troussage du sable,
c'est-à-dire que le biseau de la planche traîne sur le plâtre

et ne le coupe pas (fig. 100). C'est sur ce plâtre, durci au bout de quelques instants, que l'on trace circonférences, diamètres et divisions que l'on reporte en rayons, si l'on en a besoin, avec la règle et l'équerre crantées ou la planche elle-même.

Dans certaines pièces comportant des bossages, des nervures, des renforts, des glissières noyautées, ne pou-

Fig.102. — Moule troussé et pièce de la figure 101.

vant être troussées qu'avec difficulté et longueur de temps, on obvie à ces inconvénients en employant, pour obtenir ces formes, des parties de modèles très simples à construire, que l'on place dans le moule d'après les traits de repère comme il a été indiqué au troussage des bras. Par exemple, pour le troussage d'un plateau portant quatre glissières avec renfort et noyau rectangulaire, il a été établi quatre modèles de ces renforts avec portée à noyau et une boîte à noyau correspondante (figures 101 et 102).

Moulage d'un plateau à rainures renforcées et à trous (figures 101 et 102). La forme des planches se détermine comme précédemment, et le moulage est identique à un moulage au trousseau en deux parties, jusqu'au moment où le joint est lissé et saupoudré d'isolant de brique pilée. A ce moment, on trace dans la partie de dessous la division du cercle en 8 parties égales, dont 4 pour les rainures renforcées et 4 intermédiaires, pour le placement des noyaux ronds.

Afin de retrouver après le troussage définitif les emplacements de ces noyaux, il est nécessaire de les repérer par des rangs de pointes disposées en rayons sur le joint, en dehors de l'emplacement qu'occupera la pièce.

Ensuite on place, en se conformant au tracé, les petits modèles de l'épaisseur des renforts des rainures munies des portées des noyaux rectangulaires ou de forme des rainures. On serre le dessus et on finit le moule comme à l'ordinaire.

Après levée et retournement de la partie du dessus, on place dans cette partie avant l'étuvage, les noyaux dans les portées de rainures, et on les y épingle solidement après avoir vérifié leur position.

Dans la partie du dessous qui a été recreusée après le tracé, on recherche les centres des noyaux ronds, en décrivant sur le sable une circonférence au moyen d'une pointe fixée et réglée à la planche ; on trace au moyen de la planche des rayons passant par les lignes de pointes repérant la division sur le joint ; les centres étant trouvés, on trace, autour de chacun d'eux un cercle au diamètre de la grosseur des noyaux ; on placé ceux-ci en les

collant à la dextrine ou à la colle de pâte sur le dessous
et on les épingle solidement, car ils ne sont encastrés nulle
part. Isoler les deux parties pour éviter l'adhérence avant
de les rappuyer et s'assurer du bon portage des noyaux.

Le moule alors est étuvé, mais peut aussi se couler à
vert.

TROUSSAGE D'UN ENGRENAGE

Nous allons examiner le travail nécessité pour obtenir
un engrenage cylindrique en fonte, suivant le dessin de
la figure 103.

Le troussage de cet engrenage cylindrique est une
application de tous les procédés précédents. Il y a lieu
cependant de remarquer que les bras, étant à section en
croix, la séparation d'intérieur des châssis entre jante et
moyeu aura lieu au-dessus du plat du bras, qui sera
creusé entièrement dans la partie inférieure A ; les nervures seront placées sur la séparation avant l'emballage
de la partie supérieure B.

Comme la masse de sable de la partie supérieure se
trouve assez volumineuse entre les bras, il y aura lieu de
l'armer avec des crochets maintenus aux barres du châssis, et de mettre une rangée de pointes tout autour des
nervures formant les bras.

On trousse la partie inférieure avec une planche qui a
été prévue pour obtenir un diamètre à la jante beaucoup
plus grand que le diamètre extérieur de la denture, afin
de pouvoir, au remmoulage, poser côte à côte, dans cet
évidement plus grand, les dents en sable obtenues dans
une boîte à noyau faite spécialement et d'une façon très
précise. On lisse cette partie troussée et on imprime le
bras et la nervure du dessous ; à cet effet, on dispose

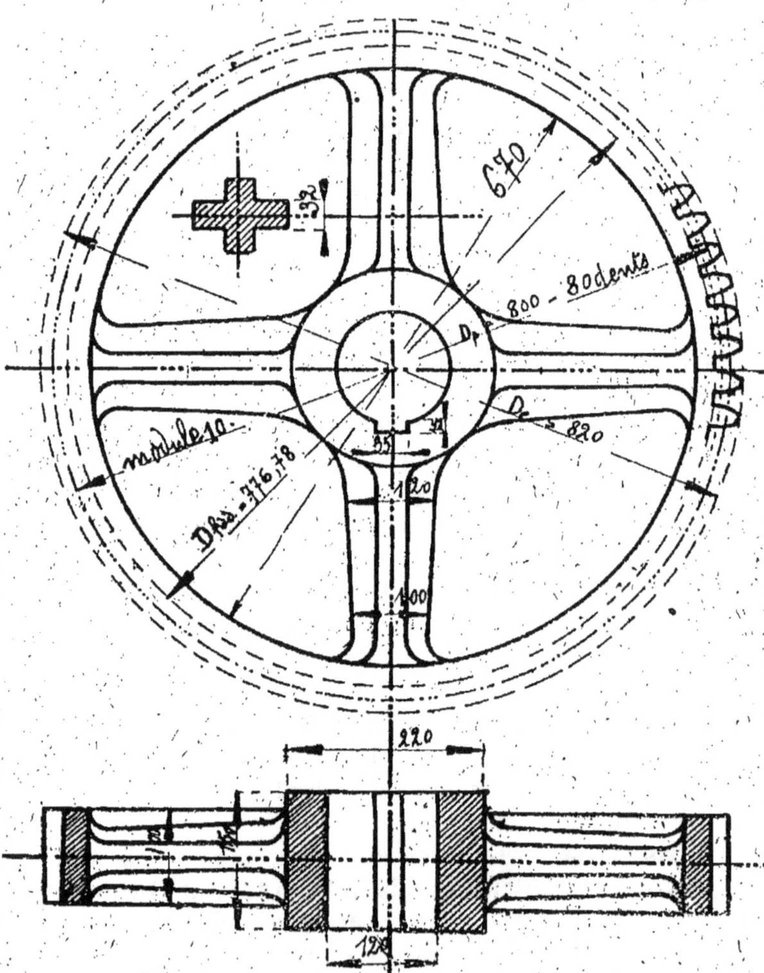

Fig. 103. — Croquis d'un engrenage cylindrique à denture droite,
80 dents au module 10, 4 bras à section en croix.

d'une forme de bras sur laquelle on cloue une nervure à son emplacement ; on dégage le sable à l'endroit voulu ; on appuie le bras et sa nervure jusqu'à ce que le fond de la nervure soit bien *imprimé*, le dessus du bras affleurant la séparation ; on retire le tout ; on descend, à l'emplacement de la nervure imprimée, une nervure séparée autour de laquelle on serre du sable fin, et on lisse ce sable à hauteur du dessous du bras ; on arme le sable autour du bras avec des pointes noyées, et on fait le congé comme dans le dessus (fig. 104).

Le moule complètement troussé et parachevé, reste à mettre en place la denture. Chaque dent, préalablement séchée à l'étuve, correspond à un pas de l'engrenage, c'est-à-dire à un plein et à un creux. Il y a lieu de remarquer qu'ici, ce qui est le plein en sable correspond au creux de la dent et inversement. Chaque dent est mise en place à l'équerre et en se repérant sur la division du nombre de dents qui a été faite sur le plâtre. Si les dents sont trop épaisses, elles sont râpées le plus uniformément possible ; si elles sont trop minces, on place entre elles des feuilles de papier, pour remplir les vides régulièrement, afin de conserver un pas uniforme à l'engrenage. Bien compter le nombre de dents.

Ensuite on passe le tout au noir ; on rappuie le dessus pour s'assurer du bon portage ; on ouvre, on étuve et on coule.

Cas particulier d'un engrenage à chevrons. — Dans cet engrenage, la denture étant formée de deux parties hélicoïdales inclinées en sens inverses, on ne pourrait placer les dernières dents au remmoulage. On fait, pour permettre ce remmoulage dans la partie inférieure,

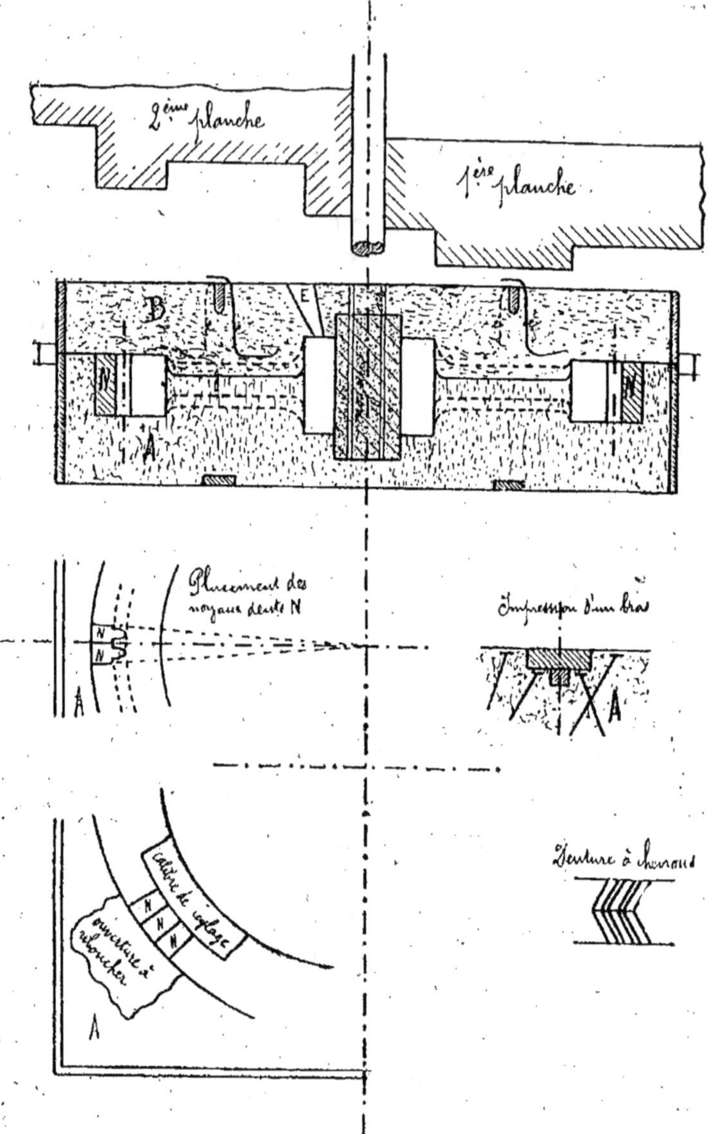

Fig. 104. — Moule troussé de l'engrenage de la figure 103.

une ouverture suffisante dans le sable et de la hauteur de la denture en dehors du troussage ; on introduit les dernières dents par cette ouverture et, une fois le tout réglé, on rebouche l'ouverture avec du sable.

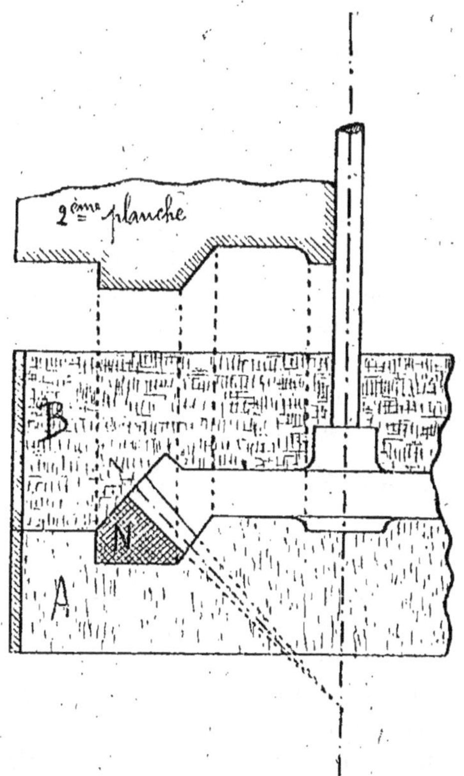

Fig. 105. — Disposition de troussage de denture conique.

Cas particulier d'un engrenage conique (fig. 105). Le travail se fait d'une façon analogue : les dents

sont obtenues par-dessous, au moyen de noyaux placés côte à côte dans [une couronne horizontale creusée au trousseau dans le dessous N sont les noyaux-dents.

Importance des boîtes à noyaux pour dentures. — On ne saurait trop insister sur la confection irréprochable des boîtes à noyaux pour dentures ; leurs dimensions doivent être rigoureuses et la forme des dents doit être déterminée par un tracé précis en vraie grandeur. Souvent pour éviter les déformations provenant du bois des boîtes à noyaux, on fait ces dernières en métal.

Moulage au trousseau dans un châssis en trois parties ou à chape. — La pièce type de ce genre de moulage est la poulie à gorge à bras ou à toile.

Dans ce genre de moulage, il y a deux joints qui correspondent tous les deux à la partie de châssis du milieu appelée *chape* (fig. 106).

La hauteur de la chape est prise aussi rapprochée que possible de la distance des deux joints, qui devront être aussi plats que possible. Dans le cas où elle est trop haute, on fera un joint troussé en talus ou contre-haut à la partie inférieure du moule, en laissant subsister autour du troussage une petite partie plane pour la facilité du raccord et la netteté de la séparation. Dans le cas où la chape n'est pas assez haute, on fera le talus ou contre-haut à la partie supérieure de la chape, où on la formera de plusieurs châssis superposés et solidement maintenus ensemble, dont la réunion forme la chape définitive.

Ces observations étant faites, on procède de la façon suivante pour une poulie à gorge à toile :

1° La partie de dessous du châssis se pose et s'apprête

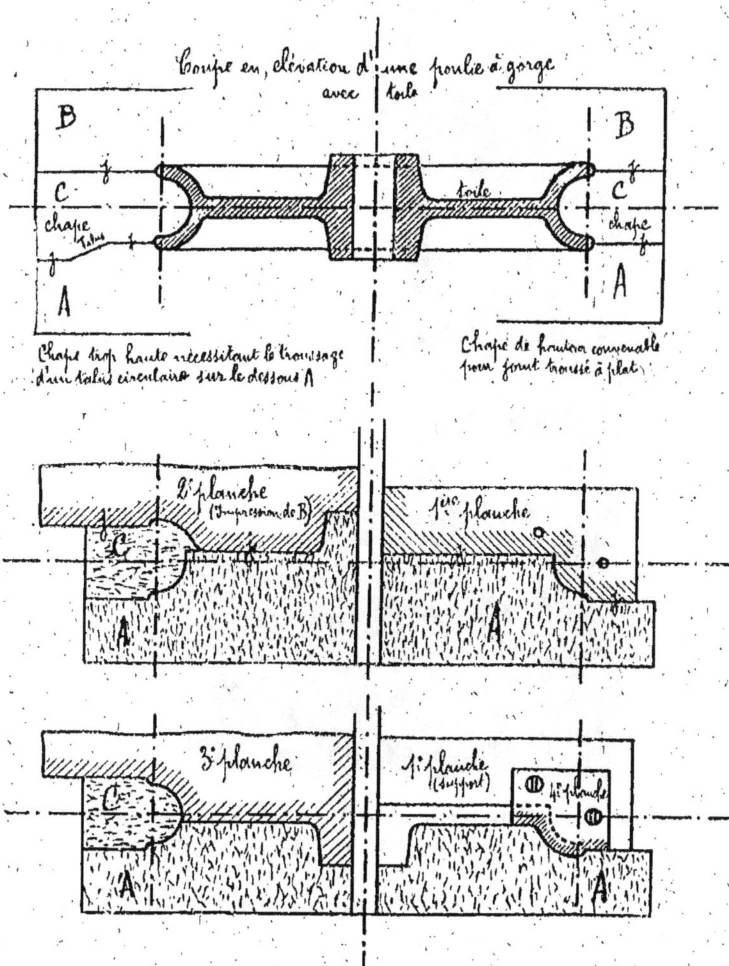

Fig. 106. — Moulage au trousseau d'une poulie à gorge à toile.

comme précédemment, en tenant compte du relief indiqué par la 1ʳᵉ planche à trousser.

2° Après avoir isolé le joint, on emballe la chape et on

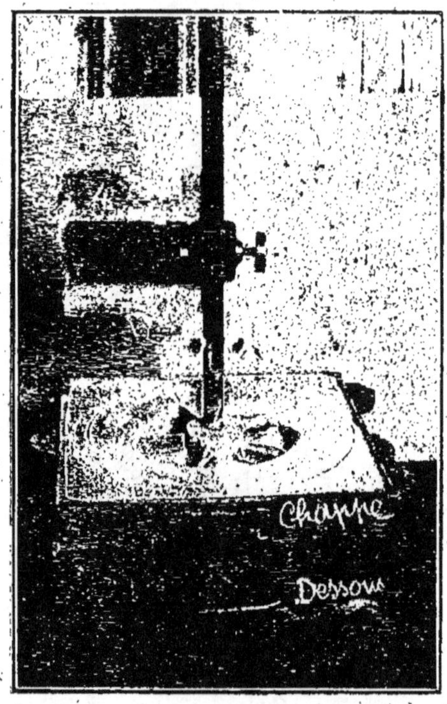

Fig. 107. — Phase du troussage et de la division des bras.
Modèles des bras en place.

trousse avec une seconde planche donnant le deuxième joint que l'on isole à son tour.

3° On emballe la partie supérieure avec sa coulée et ses évents, si c'est nécessaire.

4° On enlève le dessus dans lequel on taille éventuellement la portée à jour du noyau ; on raccorde, on lisse et c'est fini pour cette partie.

5° On trousse à travers la chape l'épaisseur de la toile, et, dans la chape, la moitié de l'enveloppe de la gorge avec une troisième planche, après avoir tiré de l'air dans cette gorge et dans l'emplacement de la toile. On raccorde la chape et on l'enlève ; on polit la chape retournée avec la spatule, la gorge ou le lissoir.

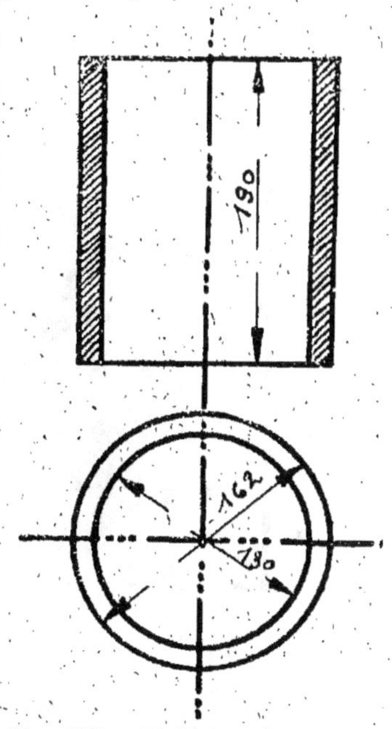

6° Il reste à trousser, dans le dessous, l'emplacement de la partie enveloppante de la gorge, au moyen d'une petite forme, montée par vis sur la première planche à trousser, qui déborde à l'intérieur du profil de cette planche et trousse cette enveloppe.

On raccorde et on lisse.

La finition du moule se fait comme précédemment.

Fig. 108. — Tubulure à segments à trousser.

Dans le cas d'une poulie à gorge à bras, le joint entre la gorge et le moyeu passe par le milieu de l'épaisseur des bras en affectant le profil de leur axe longitudinal droit ou courbe ; ce joint est commun à la partie de dessus et à la partie de dessous. Le tracé de l'emplacement des bras et leur troussage sont faits comme dans le moulage de bras de volant à boudin, vus précédemment (fig. 107).

Moulage d'une tubulure pour segments (fig. 108). — C'est un moulage en trois parties. La pièce devant être très saine et très facile à travailler, le moule sera

FIG. 109. — Tubulure avec sa coulée en source et ses évents.

étuvé, la pièce sera coulée en source et portera trois évents (fig. 109).

La chape, relativement haute, est constituée par la réunion de deux parties de châssis. Le joint inférieur est surélevé sur la partie de dessous, de façon à obtenir un joint supérieur plat.

La première planche à trousser enlève le grand diamètre dans la chape sur toute sa hauteur.

Le noyau peut être obtenu par troussage direct
du sable resserré sur le dessous, en employant une
deuxième planche, après enlèvement de la chape (fig.
110).

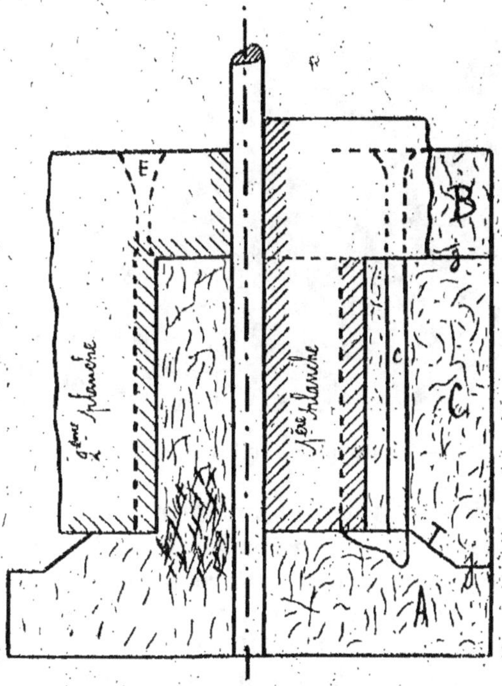

FIG. 110. — Détermination des planches à trousser la tubulure
de la figure 108.

Si le noyau est tourné ou obtenu par boîte à noyau, la
deuxième planche est inutile, mais on creuse la portée de
ce noyau dans le dessous, à la main ou au trousseau, et
on fait la portée à jour dans le dessus à la main, après

avoir pris le trait circulaire d'après le trou de l'arbre muni d'une portée à centre (fig. 111).

Fig. 111. — Moule fini de la tubulure figure 108.

Moulage d'une poulie tambour. — La jante de cette poulie est haute et peu épaisse. Il faudra une chape haute dont le joint inférieur sera réglé par un talus circulaire porté par le dessus du moule, de façon à ce que le joint supérieur de la chape affleure le châssis (fig. 112). La première planche de profil comprendra l'intérieur de la poulie au-dessus de l'axe des bras (ou le dessus de la toile). Cette planche, ayant troussé la partie correspondante dans la chape, on serre le dessus en prévoyant les coulées et évents. On lève le dessus et on l'achève. La deuxième planche troussera d'abord la chape au diamètre extérieur de la poulie, puis, en descendant, elle attaquera l'emplacement du moyeu dans la partie de dessous.

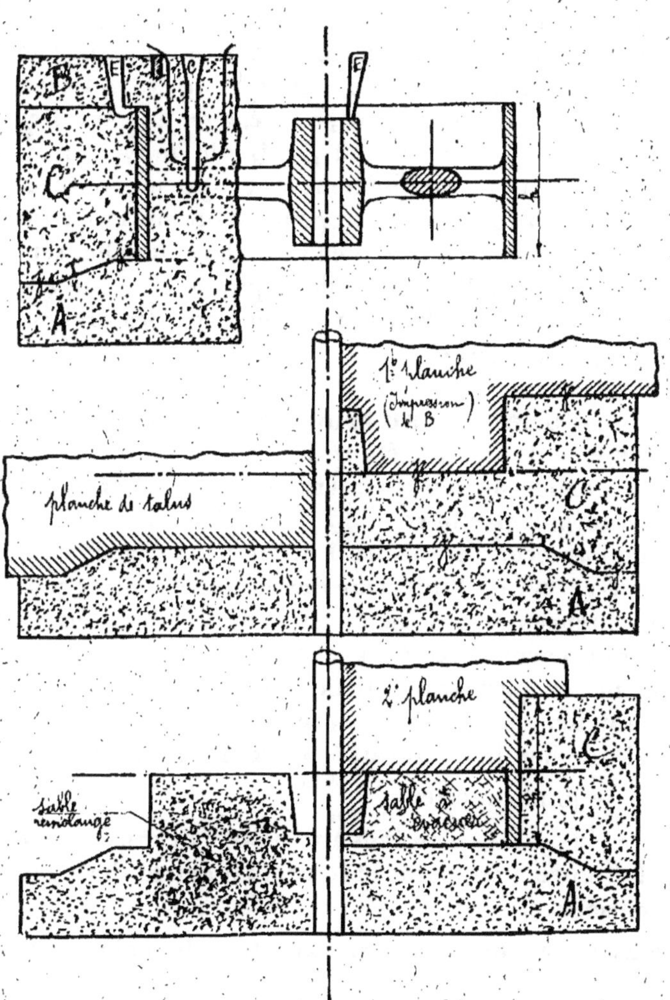

Fig. 112. — Moulage au trousseau d'une poulic haute.

Il faut remarquer ici que, la jante étant peu épaisse, le sable désagrégé aura peine à sortir devant la planche ; celle-ci bourrera dans le sable coupé et le travail sera pénible ; pour faciliter le travail, on dégage, à la truelle, le sable de la partie du dessous, entre le moyeu et la jante ; on trousse alors simplement la chape sur toute sa hauteur ; on l'enlève, et on resserre du sable sur la partie du dessous, que l'on trousse avec la même planche, servant seulement pour l'intérieur de la poulie et le noyau.

Le reste des moulage, traçage et troussage des bras, se fait comme précédemment.

Moulage d'une cuve au trousseau avec douves. — Le diamètre de la cuve étant de 0 m., 80, nous prendrons des parties de châssis carrés de 1 m. de côté. La chape sera formée par la réunion de parties donnant la hauteur de la pièce, c'est-à-dire 1 m. environ (fig. 113).

La chape recevra à l'intérieur des équerres en fer plat appelées *potences*, fixées au châssis par des boulons, et qui serviront d'armatures à la chape. Ensuite serrer la chape pleine, en prévoyant deux coulées en source divisées en hauteur, nécessaires à cause du développement de la pièce et du chemin qu'aurait à parcourir la fonte.

1° Faire le joint supérieur.

2° Serrer le dessus en prévoyant quatre évents comme dans la tubulure à segments et le prolongement des deux coulées en source.

3° Trousser la chape en enlevant tout le volume de sable intérieur.

4° Dans la chape, introduire sur toute la surface intérieure, des douves en bois dur poli, plus minces que

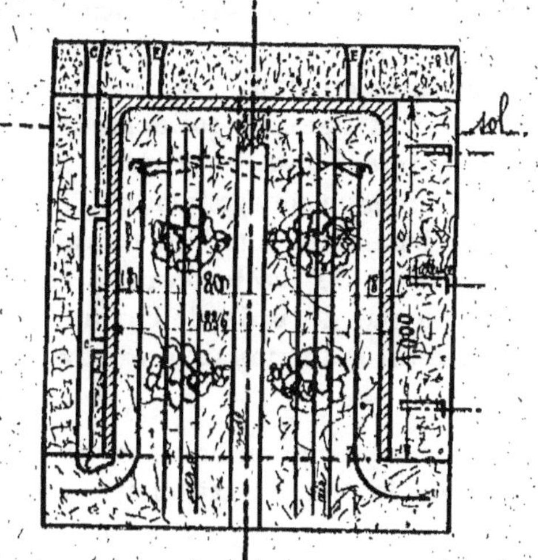

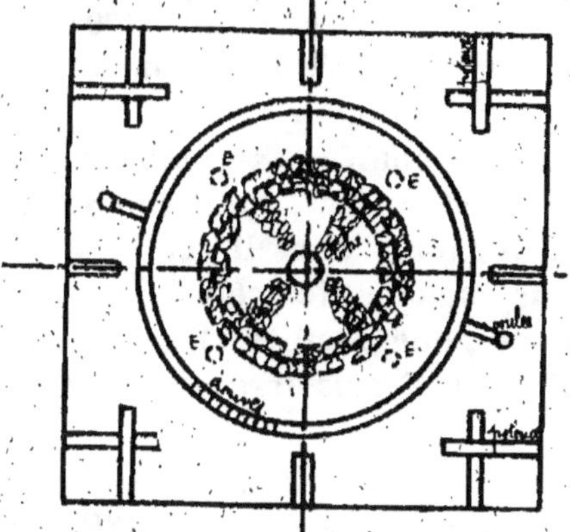

Fig. 113. — Moulage au trousseau d'une cuve. Emploi d douves.

l'épaisseur de la pièce : 12 mm à 15 mm par exemple pour 18 mm ; serrer le noyau après l'avoir armé de quatre ou cinq tiges rondes ou plates coudées en équerres, noyées dans le dessous et réunies en haut par un cercle de fer rond de 8 mm environ et ligaturé solidement. Tout en serrant le noyau aggloméré à sa base avec le sable du dessous du châssis, on ménage successivement, à la truelle, deux ou trois gorges circulaires que l'on remplit de coke fin ; ces gorges servent de collecteurs aux gaz qui s'échappent du noyau par le vide de l'arbre. Aussi on tire de l'air dans la masse du noyau au travers de ces gorges.

5° Le noyau étant serré jusqu'en haut, sortir les douves par en haut et enlever la chape ; tailler les coulées divisées en hauteur, raccorder la chape et la mettre au noir d'étuve.

6° Tirer de l'air sur le haut du noyau et le trousser suivant la planche ; enlever l'arbre ; tamponner 100 à 120 m/m du haut du trou de l'arbre, près du fond de la cuve ; raccorder, mettre au noir et étuver.

Comme la pièce, à la coulée, exercera une grande pression latérale, il y aura intérêt, après remmoulage et clavetage, à enterrer le moule dans le sol de la fonderie et à l'étançonner sur chacun des côtés, pour éviter le forçage de la pièce et pour faciliter l'introduction du métal dans le moule. Le dessus sera chargé en conséquence.

Moulures troussées dans les chapes. — Elles s'obtiennent par une planche à moulurer coulissant radialement à hauteur repérée. Cela évite la formation de

chapes séparées superposées, donnant toujours des lignes
de joint à ébarber (fig. 114).

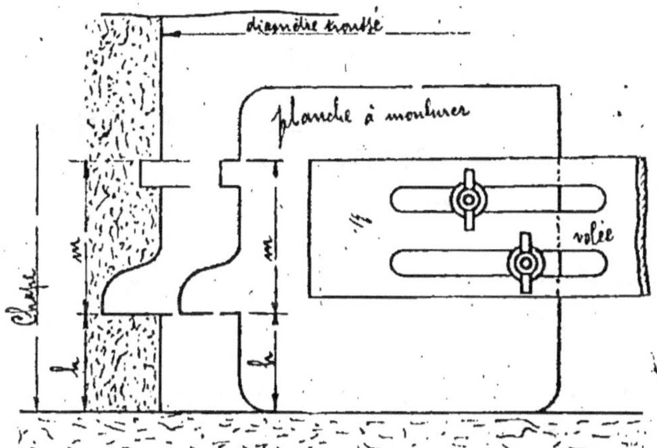

Fig. 114. — Troussage de moulures dans une chape.

CHAPITRE XIV

MOULAGE AU TROUSSEAU LINÉAIRE ET A DÉCOUVERT

Nous avons déjà vu, dans le troussage des bras de poulies, que le guide de la planche à trousser était une règle ou calibre.

En appliquant le même principe à des pièces de forme non compliquées, nous pourrons les obtenir en troussant le moule au moyen de guides et de planches à trousser, affectant un profil correspondant à leur section.

La conception des planches et la marche de l'opération sont identiques à celles du travail au trousseau circulaire : joints, profil du dessus, profil du dessous, troussage de noyau, serrage du sable, tirage de l'air, etc...

Dans le moulage au trousseau linéaire, nous étudierons d'abord le travail à découvert c'est-à-dire, obtenu sur un lit de sable sans châssis.

PLAQUES MOULÉES ET COULÉES A DÉCOUVERT

Ce procédé est employé pour obtenir des plaques de grande étendue telles que : plaques de devanture de chaudière, de four, etc. dont une seule face est apparente, l'autre étant accolée à de la maçonnerie (fig. 115). Ce procédé a l'avantage d'être rapide, de ne pas exiger de matériel encombrant. Par contre, la face de métal coulée à l'air libre, sans pression de coulée, n'est pas bien

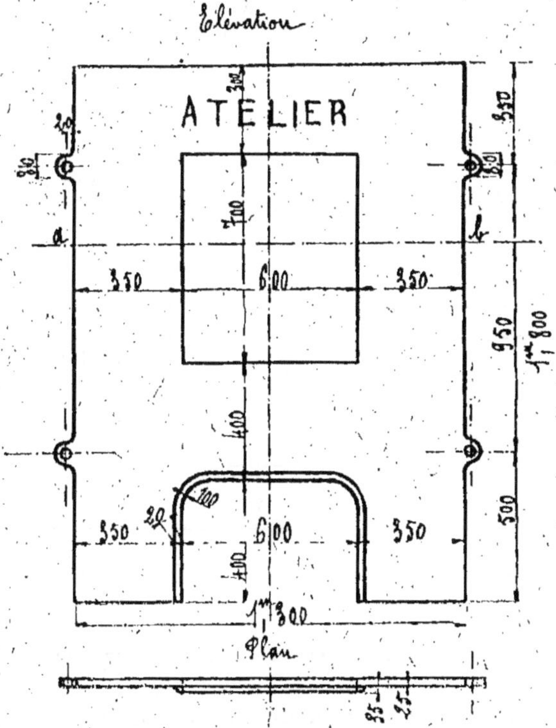

Fig. 115. — Plaque de four à mouler à découvert.

unie ; elle est ridée et rugueuse ; l'épaisseur de la plaque peut de plus ne pas être uniforme, si le nivellement des guides n'a pas été parfait. Une seule face est propre, c'est celle qui est en contact avec le lit de sable ; encore ne pourra-t-elle recevoir en impression que des reliefs assez gros à cause du manque de pression sur le métal liquide.

Le moulage a lieu de la façon suivante : placer deux règles de niveau et bien dégauchies sur un lit de sable, dont l'écartement et la longueur seront supérieurs de

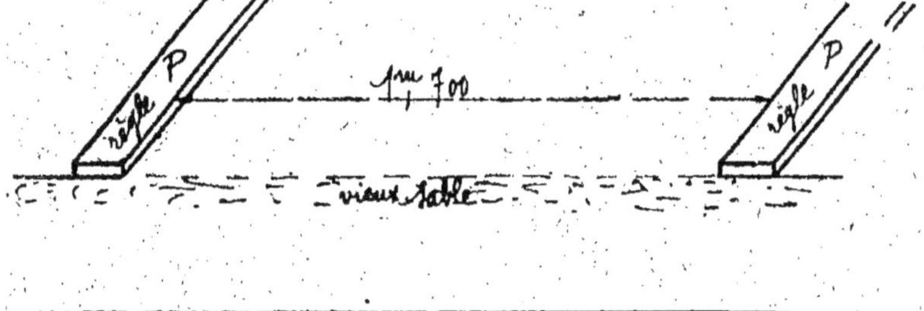

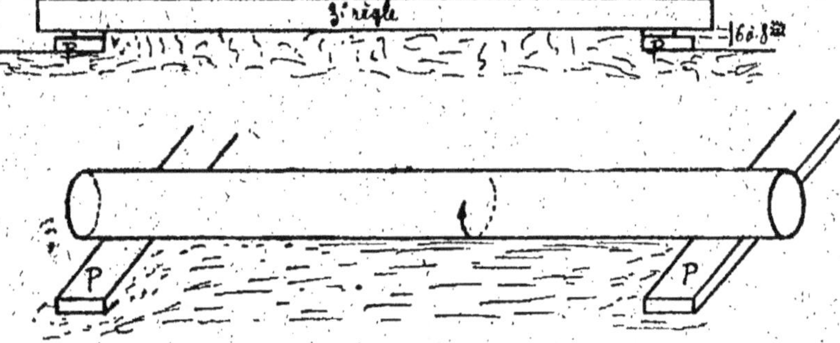

Fig. 116. — Dispositif de moulage à découvert de la plaque fig. 115.

0 m. 20 environ aux dimensions de la plaque à obtenir (fig. 116), remplir l'intervalle entre les règles avec du sable de chantier (vieux sable), qui sera nivelé et égalisé au moyen d'une troisième règle se déplaçant à cheval sur les deux premières, puis tamiser sur toute la surface, avec un tamis assez fin, du sable vieux que l'on égalise à nouveau en laissant une surélévation de 6 à 8 millimètres

obtenue au moyen de cales de même hauteur, placées
sur les règles primitives, pour permettre une légère serre
superficielle qui sera produite, après isolement de la surface du sable, par du gris ou de la brique pilée, au moyen
d'un cylindre en bois ou en métal, reposant sur les deux
règles, et donnant par roulage un serrage bien uniforme ;
pour les plaques de grandes dimensions, le serrage pourrait être accentué à la main avant roulage.

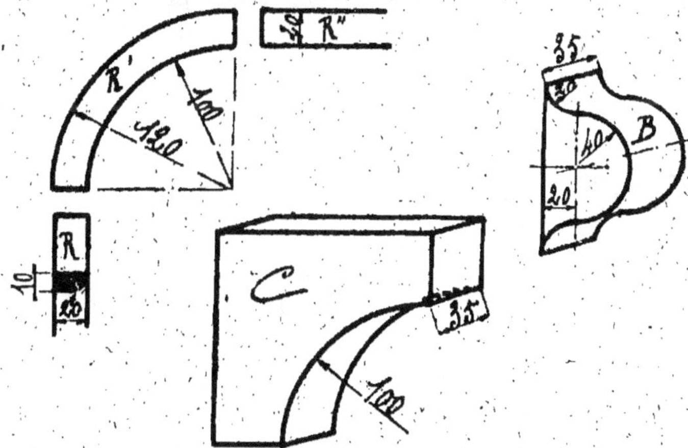

Fig. 117. — Croquis et formes des bossages B et C, et des rebords
R, R'. R" pour le moulage de la plaque, figure 115.

Sur cette surface obtenue, bien plane, de niveau, et
uniformément serrée, on trace le contour ou périmètre
extérieur et intérieur de la plaque, au moyen de la règle,
de l'équerre, du compas à pointes et du mètre à
retrait.

Ce tracé établi, on relève le sable extérieur, en l'ap-
puyant contre des règles ou des formes, dont la hauteur
est supérieure d'au moins un centimètre à l'épaisseur de

la plaque à obtenir à cause des remous de la fonte à la
coulée ; ces règles et ces formes limitent le tracé à leur
extérieur, et le sable appuyé contre elles forme un talus
plat d'abord sur 10 ou 12 centimètres, et incliné ensuite
(fig. 118). Quand cette cuvette à bords verticaux est faite,
si la plaque porte des rebords ou moulures sur la face
vue qui coïncidera avec le fond de cette cuvette, on
imprime ces rebords moulurés aux emplacements prévus
avec des formes ou règles en bois du profil désiré (fig. 117) ;

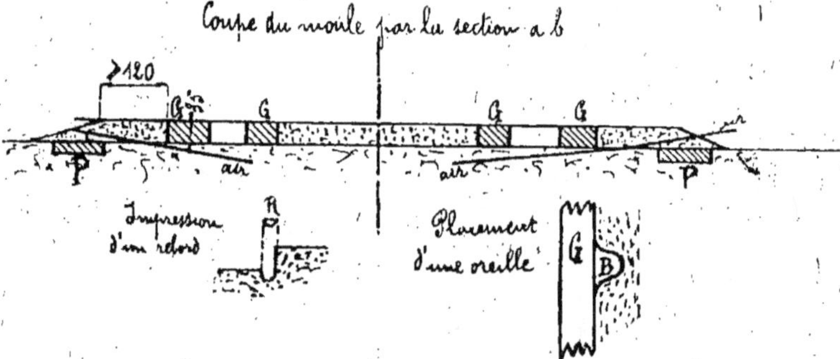

Fig. 118. — Coupe du moule à découvert.

souvent ces plaques portent le nom du constructeur, un
numéro d'appareil, une désignation ou marque quelconque. Ces inscriptions sont formées de lettres en métal
que l'on imprime en place séparément dans l'ordre
inverse de leur lecture habituelle, ou bien elles sont collées à la cire fondue dans leur ordre habituel sur une
tôle, et imprimées ensemble d'un seul coup dans le fond
du moule à découvert à la place réservée.

Ces lettres se trouvent facilement dans le commerce
en différentes grandeurs et sont fortement en dépouille.

Ce travail d'impression de rebords et de lettres étant fait, la surface du fond est lissée au noir pour que la face vue de la pièce ait bon aspect.

Le moule est alors fini au point de vue forme à obtenir ; il reste à prévoir la coulée de la pièce.

Pour limiter l'épaisseur de la pièce, il est nécessaire de faire, dans un ou deux endroits opposés du périmètre extérieur de la pièce, un *dégorgeoir* dont le fond est situé à 2 ou 3 millimètres en-dessous du niveau que la fonte devra atteindre, dans le creux du moule, pour servir de repère d'épaisseur et pour arrêter de couler quand la fonte arrivera à ce niveau et se déversera en dehors du moule par ces dégorgeoirs (fig. 119).

Pour opérer le remplissage du moule, il est nécessaire de faire un ou deux *bassins de coulée*, placés en surélévation du talus, pour former *déversoirs* dans le moule ; ces bassins en sable sont formés grossièrement entre quelques gueuses qui maintiennent le sable lissé à la truelle ; l'arête de déversement est cassée, arrondie et lissée pour éviter l'entraînement de sable dans le moule.

Il faut disposer les bassins de coulée de telle sorte que la fonte s'étale rapidement sur les différents points de la surface sans remous.

Il faut couler avec de la fonte bien chaude, et la déverser bien régulièrement.

Bien que le moule soit coulé à découvert et que, par suite, les gaz s'échappent facilement à travers le métal liquide, il est nécessaire de tirer de l'air en dessous avec une grande aiguille traversant le talus et tout autour du moule.

   L'APPRENTI MOULEUR

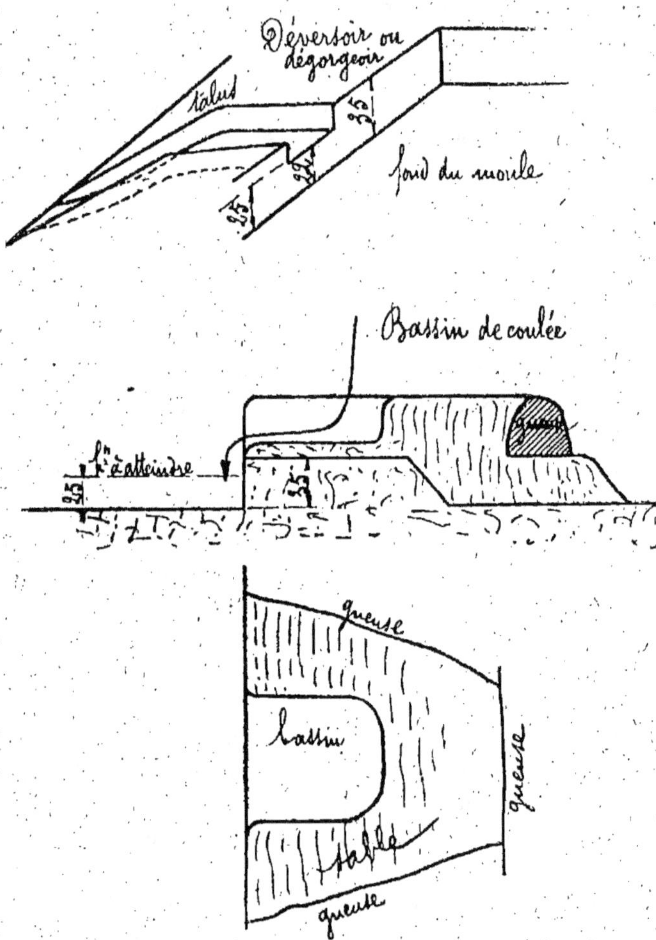

Fig. 119. — Formes de déversoirs et de bassin de coulée
de plaque à découvert.

TROUSSAGE LINÉAIRE EN CHASSIS

Nous allons examiner comme travail type au trousseau linéaire, la confection d'un tuyau à brides circulaires employé fréquemment dans les installations de machines motrices et qui sont presque toujours faits d'après dessin (fig. 120).

Nous remarquerons qu'il nous sera nécessaire de posséder pour chacune des brides un modèle en bois coupé suivant un diamètre et rassemblé par deux goujons.

Le moulage se fera avec un châssis long en deux parties, ou, sur le sol en sable de la fonderie comme dessous, avec une partie de dessus pour couvrir le moule.

La première chose à faire est de dresser un joint plan au moyen de règles bien dressées posées de champ dans le sable, écartées suffisamment pour se trouver en dehors de l'emplacement qui sera occupé par la pièce, et dégauchies par deux autres règles mises en travers à chaque bout des premiers ; ceci aussi bien pour un moulage sur le sol que pour un moulage en châssis, en observant toutefois que, dans ce dernier cas, le joint doit se faire à hauteur de la séparation du châssis souvent trop mal dressé pour servir de guide au plan du joint (fig. 121).

Ce plan de joint étant dressé en sable serré, on retire les règles encastrées ; on rebouche leur emplacement; on lisse le joint et on trace la pièce sur le sable : axes, emplacement de brides, longueur des portées, bossages, etc... Ensuite on imprime les demi-brides sans goujons à leur place, bien d'équerre, la coupure au joint.

Puis on place les règles guides, bien dressées et d'égale épaisseur, symétriquement par rapport à l'axe tracé, à un écartement égal au guidage des trousses ou raclettes,

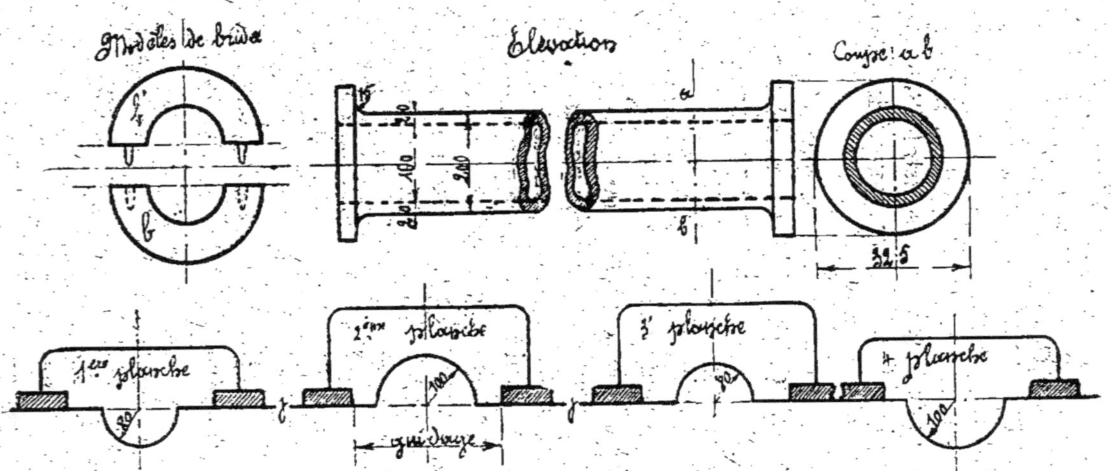

Fig. 120. — Tuyau cylindrique à brides rondes. Détermination des planches à trousser linéaires.

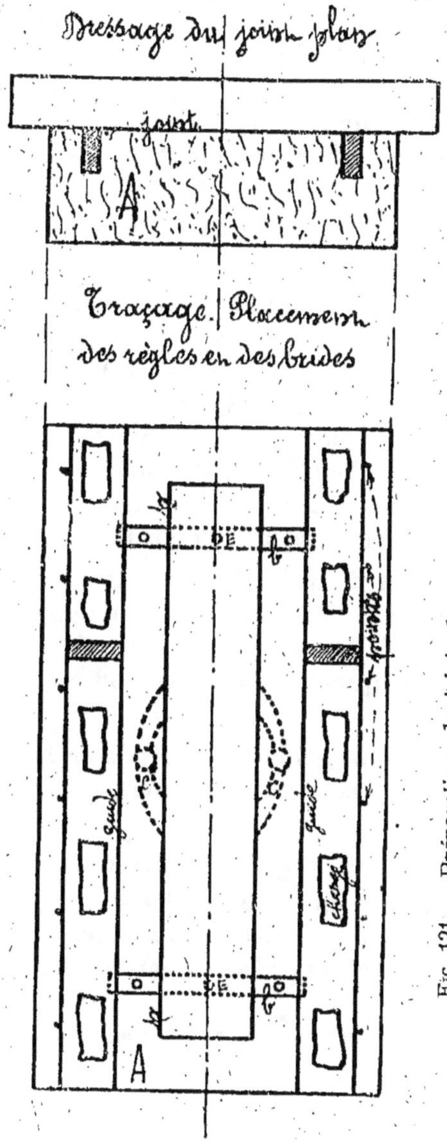

Fig. 121. — Préparation du joint plan, traçage, placement des règles à trousser et des demi-brides sans goujon.

plus un jeu très léger nécessaire au déplacement de ces dernières ; les règles sont alors fixées au sable par des pointes de mouleur et appuyées sur le joint par de petites charges réparties sur leur longueur. On commence alors les opérations de troussage proprement dit dans l'ordre suivant.

1° Troussage du demi-noyau dans le dessous et isolément de cet évidement.

2° placement d'une armature ou lanterne dans l'évidement du noyau ; remplissage de cet évidement et formation d'une masse de sable serré au-dessus du joint, pour trousser la forme en relief correspondant à l'évidement de la pièce à faire venir dans le moule du dessus, au diamètre du corps jusqu'à l'extérieur des brides, puis avec une trousse au diamètre du noyau sur la longueur des portées ; troussage de ce relief que l'on isole (fig. 122).

3ª Mise en place des demi-brides à goujons sur leurs correspondantes restées imprimées dans le dessous ; serrage de la partie du dessus, après avoir placé les formes d'évents (une sur chaque bride) et de coulées (une de chaque côté du corps).

4° Lever le dessus, puis achever de trousser le noyau, le sortir du moule, le raccorder, le lisser, le passer à la couche et l'étuver.

5° Trousser la forme du corps entre brides.

6° Tailler les coulées en éventail et les évents ; sortir les modèles de brides, faire les congés raccordant les brides au corps du tuyau et qui sont, par convention (1),

---

(1) La largeur du coup de pinceau correspond au rayon du congé de raccordement.

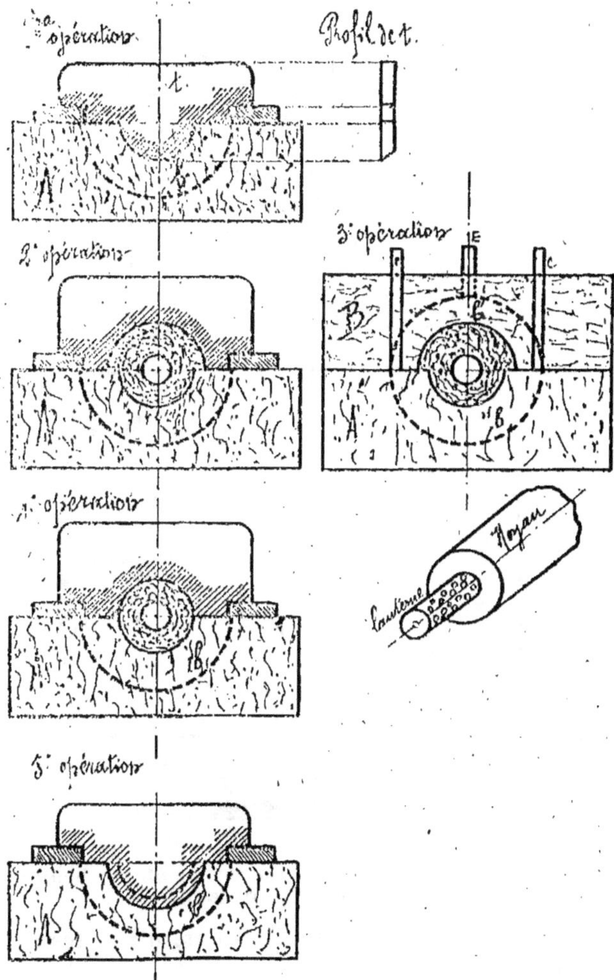

Fig. 122. — Phases du troussage.

peints en noir sur les brides ; lisser, passer à la couche et étuver, si on ne coule pas à vert.

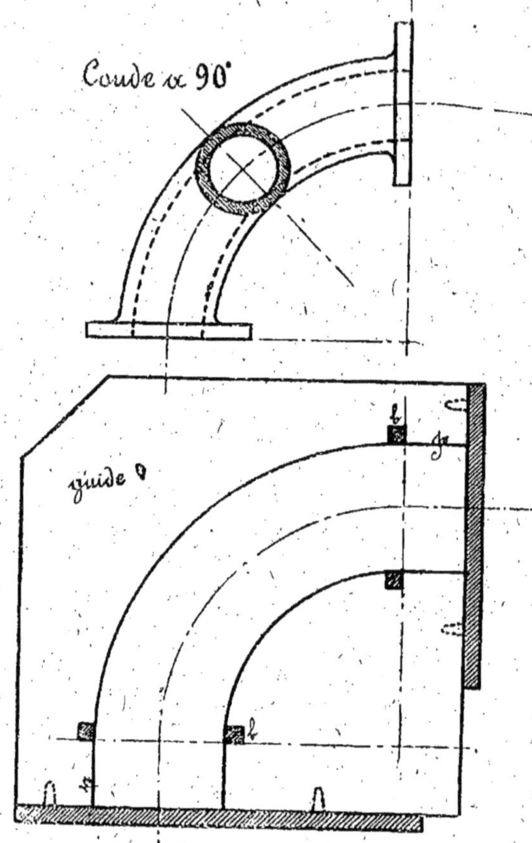

Fig. 123. — Troussage d'une tubulure coudée à brides rondes.
Guide de troussage.

Remmouler et couler simultanément par les deux trous de coulée.

Quelquefois le noyau est tourné en terre sur une lanterne, ce qui simplifie le troussage.

Par un procédé analogue, on peut trousser des colonnes pleines ou creuses demandant des modèles d'embase et de chapiteau.

Pour obtenir des coudes d'équerre ou obliques, des tubulures de raccord, il n'y aurait qu'à remplacer les règles guides rectilignes par des guides de forme, maintenus en position par un emboîtage à goujons en bout (fig. 123).

CHAPITRE XV

MOULAGE EN FOSSE

Il est employé pour les pièces de grand développement, telles que bâtis de machines de papeterie et de textile, chabottes, etc... On ne se sert pas de châssis, sauf pour le dessus qui recouvre le moule, ce qui fait une économie de matériel d'ailleurs encombrant.

Le moulage se fait soit d'après modèle, soit au trousseau cylindrique ou linéaire. Il s'exécute comme un moulage ordinaire et, dans le cas du trousseau circulaire, la crapaudine est noyée, calée dans la fosse, et y reste même pendant la coulée de la pièce.

Préparation de la fosse dans le cas d'un moulage sur modèle. On creuse, dans le sol en vieux sable de la fonderie, un trou suffisamment large et profond pour qu'il reste, autour et au-dessous du modèle, suffisamment de sable nouvellement serré pour que les gaz puissent se dégager comme si c'était dans un châssis dont les parois sont remplacées par les bords verticaux de la fosse creusée (fig. 124).

On présente le modèle à la place qu'il doit occuper, et on garnit le dessous avec du sable vieux légèrement serré à la main, pour former l'assise inférieure, puis après avoir repéré l'emplacement du modèle par rapport au moule, on enlève celui-ci et on recouvre les parties qu'il occupait

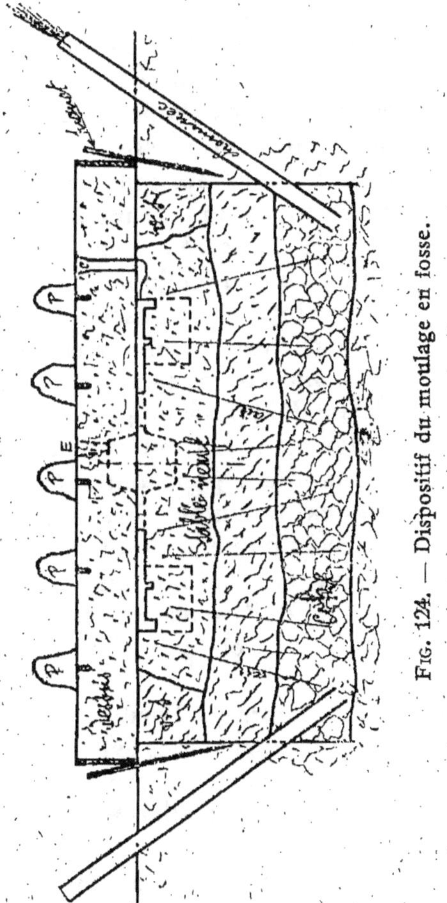

Fig. 124. — Dispositif du moulage en fosse.

de sable neuf avec ou sans houille, suivant que le moule
sera coulé à vert ou étuvé. Il faut tirer de l'air profondé-

ment dans ce dessous avant d'y reposer le modèle à sa place repérée, puis enfoncer celui-ci par de petits chocs répétés sur toute sa surface. Pour éviter le gauchissement, il est bon d'interposer, entre le modèle et le marteau, une cale de bois qui répartit le choc et la pression consécutive sur une plus grande surface ; on s'assure que toutes les parties du modèle se sont bien imprimées et posent bien sur le sable tassé ; on garnit alors la tranche ou épaisseur du moule de sable neuf et on serre ce sable avec le fouloir à main, en prenant soin d'incliner le fouloir sur le contour du modèle, surtout à la base ; on remplit la fosse autour du sable neuf, avec du sable vieux et on serre au pied et à la pilette, à main ou pneumatique, en évitant de serrer trop près du modèle pour ne pas durcir le sable à cet endroit. Le serrage étant fait, on râcle le sable suivant le périmètre du modèle, pour obtenir le joint du moule approximativement à hauteur du sol. Si le modèle n'a pas une forme générale plane, il faut faire des contrebas et des talus pour réserver toujours une surface plane tout autour, à l'endroit où doit reposer le châssis qui fermera le moule, les contre-bas et talus s'imprimant dans ce dessus.

Ensuite, lisser et isoler comme à l'ordinaire, placer les coulées (généralement plusieurs) et les évents.

La partie de châssis qui fermera le moule se pose sur le joint plan préparé à cet effet ; elle se serre comme à l'ordinaire.

Avant de démouler, il est nécessaire, comme il n'y a pas d'oreilles dans le dessous et par suite ni repérage, ni guidage, de repérer l'emplacement du châssis fermant le moule, au moyen de piquets de fer inclinés et enfoncés profondément dans le sable, à raison de deux piquets encadrant chacun des angles du châssis et frottant sur ses bords pour éviter toute variation ; ces piquets doivent dépasser suffisamment du sol et d'une hauteur correspondant au moins au relief du joint, pour éviter les arrachures à la levée du dessus, qui se fait généralement à la grue.

Très souvent on lève le modèle avec la partie de dessus ; celui-ci, dans ce cas, est relié avant l'emballage du dessus par des tirants, ou des tirefonds prenant appui sur les barres du châssis.

Il faut tirer de l'air dans le dessous, sur le contour extérieur et intérieur du modèle ; les trous d'air sont inclinés pour rejoindre les trous tirés précédemment dans le dessous et débouchent dans des traînées tracées sur le joint, débouchant elles-mêmes à l'extérieur sur le périmètre du joint.

Quand la surface de la pièce à couler est étendue et sans évidements, le tirage de l'air comme ci-dessus deviendrait insuffisant, aussi forme-t-on le fond de la fosse d'un lit de dix centimètres de petit coke en morceaux pour permettre aux gaz de s'échapper plus facilement par les trous d'air venant déboucher dans ce lit de coke, et on installe, aux deux extrémités de ce lit très poreux, un tube formant cheminée d'évacuation des gaz que l'on allume à la coulée (fig. 124).

Le moule fini, on étuve, si c'est nécessaire, sur place à l'aide de braseros ou d'étuves portatives, et on coule comme à l'ordinaire.

La pièce de la figure 42 est moulée en fosse au trousseau.

CHAPITRE XVI

TIRAGE D'ÉPAISSEUR. MOULAGE EN TERRE ET MOULAGE EN COQUILLE

Tirage d'épaisseur. — Ce procédé de moulage est employé pour l'obtention de pièces évidées et d'épaisseur régulière : 1° quand on possède le modèle sans boîte à noyau ou bien parce que celle-ci est trop difficultueuse et par suite trop coûteuse à établir, ou bien parce que l'on n'a qu'une pièce à exécuter ; 2° quand on confectionne la forme en sable de la pièce, à la main, par un procédé de troussage plus ou moins complet, suivant la forme de la pièce, en se servant pour établir cette forme, d'abord d'un tracé fait sur un fond ou sur le sable, puis de règles, d'équerres, de trousses, de calibres, etc... (fig. 125).

Si on possède le modèle, on procède de la façon suivante : sur un fond ou sur une couche, serrer la partie de dessous, puis retourner cette partie et enlever le modèle ; isoler et lisser ; ensuite serrer la partie de dessus avec une armature, si c'est nécessaire, dans le vide obtenu dans la première partie ; séparer les deux parties et retourner le dessus ; sur la surface utile de la partie de dessus saupoudrée de talc, c'est-à-dire sur celle qui a été en contact avec le vide laissé par le modèle dans l'autre partie, nous allons enlever une épaisseur de sable régu-

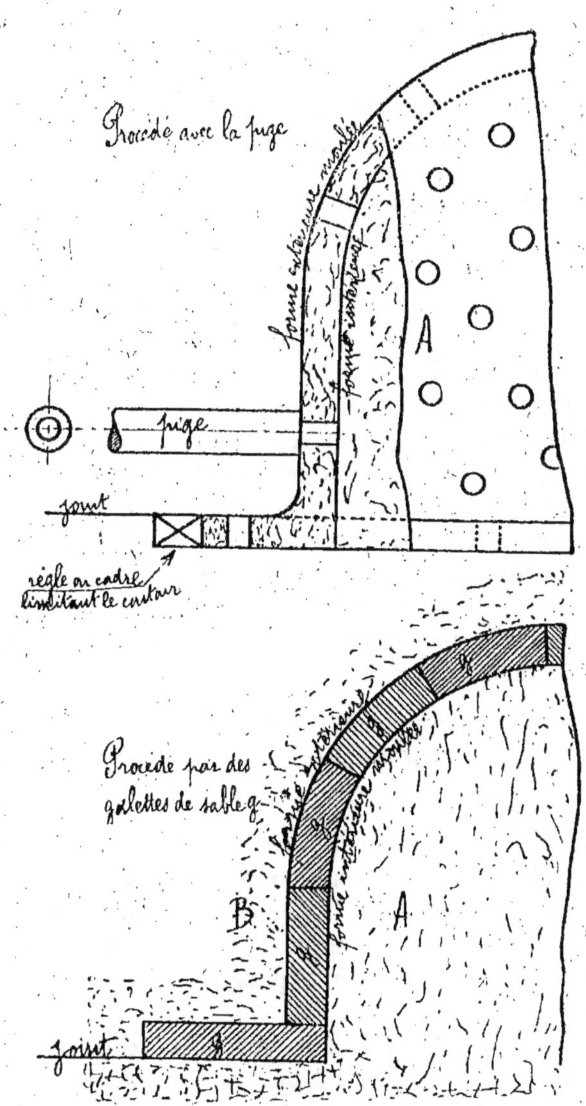

FIG. 125. — Tirage d'épaisseur : 1° à la pige ; 2° avec des galettes
en sable.

lière correspondant à l'épaisseur de la pièce à obtenir, et cela de la façon suivante : prendre une jauge spéciale cylindrique à talon, appelée *pige*, qui est souvent une simple cheville de bois de 10 à 14 m. de diamètre taillée au couteau, et dont la hauteur sous le talon est égale à l'épaisseur à donner à la pièce ; enfoncer cette pige régulièrement à la surface du sable jusqu'au talon, en espaçant les trous de quelques centimètres ; on obtiendra ainsi, dans l'intérieur du sable, une série de témoins correspondant à la surface intérieure de la pièce que doit avoir le moule ; chaque fond de trou sera blanc à cause du talc poussé par la pige et en enlevant régulièrement et avec précaution, à la truelle et à la spatule, le sable sur toute la surface enveloppant les témoins blancs, on obtiendra la surface intérieure du moule correspondant à la pièce. C'est ce que l'on appelle *tirer d'épaisseur*.

Si on ne possède pas de modèle, on peut établir la forme de deux façons :

1° Obtenir la forme extérieure sur un fond ou sur une couche dans le cas d'un joint sinueux et on moule dessus comme précédemment ;

2° la forme intérieure de la pièce s'établit sur le châssis de dessous, au-dessus de la séparation et servira de partie de dessous ; puis, pour obtenir la partie de dessus, on confectionnera dans des boîtes à noyaux monoblocs plates, de petits rectangles de sable à l'épaisseur désirée et on posera si c'est nécessaire, avec des épingles, ces galettes côte à côte, sur la forme isolée, en les taillant, pour les raccorder, à la spatule, puis on moulera le dessus, on enlèvera les galettes dont l'emplacement forme le vide du moule, qui se finit comme à l'ordinaire. Ce deuxième procédé, quand on peut l'employer, est plus rapide que le tirage d'épaisseur à la pige.

Le tirage d'épaisseur est employé pour obtenir des pièces évidées minces telles que statuettes, bacs mangeoires hors série, cuves, etc...

Il peut être aussi employé concurremment avec le trousseau, pour obtenir des renforts ou des parties rentrantes ou débordantes par rapport aux volumes engendrés par les trousses, et pour lesquels on n'a pas de modèle.

MOULAGE EN TERRE

Pour le moulage au trousseau de certaines pièces volumineuses, on emploie, dans certaines fonderies, le moulage en terre pour remplacer le moulage en sable.

Cette façon de procéder tend à disparaître par suite de la rareté de la main-d'œuvre compétente et habituée à ce genre de travail, dont le grand avantage était de n'exiger que peu de matériel, les châssis étant remplacés par des murettes en briques, affectant la forme du moule et enduites intérieurement de terre de moulage ; cette dernière épousait la forme des parties de modèles, ou la recevait des planches à trousser. Il s'agissait, en somme, d'établir un moule maçonné pouvant se décomposer en plusieurs parties.

MOULAGE EN COQUILLE

Si la fonte est refroidie brusquement dans le moule, elle prend une sorte de trempe qui durcit la périphérie de la pièce sur une épaisseur d'autant plus forte que le refroidissement est plus brusque. Ce phénomène se remarque facilement en examinant à l'usinage la différence de dureté de la croûte des pièces moulées comparée avec l'intérieur, et aussi la différence de dureté des pièces coulées à vert par rapport à celles coulées en moules étuvés ; souvent pour parer à l'usure rapide des tranchants des outils, il est nécessaire de diminuer la vitesse de coupe pendant l'enlèvement de cette croûte.

Cette particularité, qui est une gêne dans la majorité des pièces mécaniques, est au contraire recherchée et même poussée à l'excès dans la fabrication de certaines pièces moulées en fonte devant avoir, dans toutes leurs parties ou seulement dans certaines, une très grande dureté évitant l'usure ou pour toute autre raison. Le moyen employé à cet effet s'appelle le moulage ou mieux le coulage *en coquille*.

A cet effet, le moule de la pièce est entièrement métallique, ou comporte seulement aux endroits à durcir des parties métalliques dont l'emplacement est fait par le modèle ou au trousseau ; la fonte liquide, en contact avec ces parties métalliques, se soldifie rapidement et se durcit très fort. Ce procédé est employé notamment pour l'obtention de cylindres de laminoirs, de roues de wagons, de mâchoires de concasseurs, de coussinets, etc.

Une grande quantité de petites pièces en aluminium se coulent également en coquille.

TROISIÈME PARTIE

CHAPITRE XVII

SIMPLE APERÇU
DU MOULAGE A LA MACHINE

Le moulage à la main est long et demande une main-d'œuvre exercée et compétente. Nous avons vu que l'emploi de couches et de plaques-modèles pour la fabrication de pièces en série diminue déjà la main-d'œuvre, mais en employant ces procédés, qui dispensent de rechercher la disposition des modèles, la ligne de joint du moule et le taillage des canaux de coulée, il faut encore employer la main de l'ouvrier compétent pour serrer le sable, ébranler, démouler, opérations demandant encore un temps relativement long et imposant de la fatigue à l'ouvrier.

La concurrence, la recherche de la plus grande production en un temps donné, et surtout l'emploi d'une main-d'œuvre moins compétente, ont amené la création et l'emploi des machines à mouler pour la fabrication en série des petites et moyennes pièces.

Le principe de la machine à mouler consiste à serrer mécaniquement le sable dans un châssis d'une façon régulière et rapide sur une plaque-modèle, pour obtenir les empreintes des pièces sur le joint de chacune des parties de châssis dont la réunion formera le moule, puis à ébranler par un *vibrateur à air comprimé* fixé à la plaque-modèle, et à démouler mécaniquement sous l'action de poussoirs séparant plaque et parties de châssis.

Le serrage du sable est obtenu par différents moyens et on rencontre :

1° des *machines à mouler à main* où le serrage du sable s'obtient par la pression exercée par la *force musculaire* de l'ouvrier agissant sur des leviers simples ou multiples ou sur une vis à volant ;

2° des *machines à mouler à pression hydraulique ou pneumatique* où la pression s'exerce par piston et est répartie sur des plateaux ayant la forme des châssis ;

3° des *machines à secousses* où le serrage s'effectue par *tassement du sable* autour du modèle, sous l'action de chocs répétés auxquels est soumise *une table en fonte formant fond*.

Dans les machines à main et à pression la disposition de la plaque-modèle et du châssis par rapport aux organes de la machine, et le sens du démoulage, sont aussi très variables suivant les types de machines. On rencontre des machines où :

1° le démoulage d'une partie de châssis se fait au-dessus de la plaque modèle par levée de la partie de châssis ou par abaissement de la plaque-modèle ;

2° le démoulage d'une partie de châssis se fait au-dessous de la plaque-modèle par le déplacement relatif de l'une par rapport à l'autre ;

3° l'on imprime les deux parties de châssis d'un seul

coup sur les deux faces en relief de la plaque-modèle, le démoulage s'opérant simultanément au-dessus et au-dessous de la plaque-modèle, qui peut se dégager par rotation autour d'une colonne ou par renversement. De telles machines sont des machines mixtes.

Le démoulage par-dessous est préférable, car : 1° les arrachures qui peuvent se produire restent en place sur le relief du moule et sont plus facilement réparées ; 2° pour les pièces hautes comportant de gros noyaux, ceux-ci risqueraient de se désagréger par leur propre poids, à moins de les munir d'armatures toujours gênantes et peu recommandables dans le moulage à la machine.

Il existe d'ailleurs des machines simples appelées *démouleuses*, qui ne servent qu'à démouler, avec ou sans peigne, les châssis obtenus par serrage total à la main sur plaque-modèle. Elles rendent de grands services et sont souvent indispensables pour le démoulage des moules à parties hautes, où le guidage des goujons à la levée est insuffisant.

PLAQUES-MODÈLES POUR MACHINES A MOULER

Le point essentiel dans le moulage à la machine est d'obtenir des plaques-modèles et des peignes à des prix abordables, et dont la dépense puisse être récupérée assez vite et en tout cas pour chaque commande de série de pièces. C'est d'ailleurs l'établissement rapide et à bon marché des plaques et peignes qui a entravé la fabrication à la machine.

Les *plaques-modèles double face*, telles que celles employées dans le moulage à la main, s'obtiennent facilement par moulage ; des plaques semblables peuvent être employées à la machine, pour obtenir des pièces de peu de relief, bien dépouillées; mais souvent, pour une question d'agencement de machines, la plaque se dédouble en deux dont l'une porte le relief du dessus, l'autre le relief du dessous ; c'est ce que l'on appelle la *plaque-modèle double*, et on utilise alternativement ces plaques-modèles doubles sur une machine produisant d'abord une série de dessous, puis une série de dessus de moules, ces derniers portant la coulée obtenue par une forme en caoutchouc durci placée dans chaque partie de dessus à l'emballage du sable. En employant deux machines conjuguées, on pourrait faire les dessous sur l'une, les dessus sur l'autre, ce qui aurait pour avantage de fermer le moule aussitôt et d'économiser du temps et du matériel de châssis, en employant le démottage dont nous dirons quelques mots plus loin.

Ces plaques-modèles doubles s'obtiennent par moulage ; elles se font en plâtre ou en ciment, armé ou non, pour les petites séries à fabriquer ; elles sont recouvertes d'une carapace en métal blanc sans retrait, tirée d'épaisseur et coulée, quand elles doivent assurer une longue production à répétition ; elles ne demandent que la confection de modèles en bois à simple retrait.

Le travail sur ces plaques, et l'emploi de la machine nécessitent des châssis interchangeables pour éviter les variations dans les pièces coulées, ces châssis sont munis de taquets pour le démoulage.

Le *peigne*, d'un grand secours au démoulage, pour éviter les *arrachures* de sable dans les parties hautes et sans dépouille, est d'un prix élevé, s'il est obtenu par ajustage ; il est de plus souvent imparfait, long à établir et limité à un peigne plan ne s'utilisant que dans un moule à joint plan.

Ces difficultés d'établissement de plaques-modèles et de peignes ont été résolues par une maison française : la Société Anonyme des Etablissements Bonvillain et Ronceray à Choisy-le-Roi, spécialisée depuis longtemps dans la fabrication du matériel de fonderie.

Les perfectionnements que cette maison a apportés à la confection des plaques-modèles permettent par des *procédés brevetés*, et, *exclusivement par moulage*, d'obtenir des plaques-modèles avec parties démontables, permettant le démoulage de parties en contre-dépouille. Ces plaques peuvent être munies de peignes coulés et peuvent affecter par conséquent les formes de joints gauches.

L'une des créations de cette maison est la plaque-modèle réversible à face unique de travail avec ou sans peigne et parties démontables, permettant le moulage mécanique parfait dans la généralité des cas, où on ne rencontre pas de parties hautes demandant la plaque-modèle double.

SABLE A MACHINE. SERRAGE

Le sable destiné au moulage à la machine est légèrement plus sec que celui destiné au moulage à la main. Il contient la même proportion de houille.

Le sable est placé à la pelle dans le châssis posé et repéré sur la machine ; il est serré aux doigts, si nécessaire, dans des endroits demandant une serre plus forte, puis le châssis est rempli au-dessus des bords d'une réhausse permettant un apport de sable suffisant et réparti par creux et talus faits grossièrement, si c'est nécessaire, pour obtenir une bonne serre uniforme.

La quantité de sable étant toujours la même, il y a

intérêt à adapter à chaque machine un distributeur de sable supprimant la manœuvre du sable à la main, et régularisant la quantité de sable par châssis, ce qui amène un serrage uniforme des moules qui est toujours à rechercher.

Si on compare le serrage du sable dans le travail à la main et dans le travail à la machine, on remarque que dans le premier cas le sable est plus serré près du modèle ou de la plaque-modèle, tandis qu'à la machine, c'est l'inverse, le sable est moins serré sur les reliefs de la plaque qu'à l'extérieur du châsssis. Cette serre à la machine à pression permet un dégagement plus facile des gaz et évite presque toujours de tirer de l'air dans les moules serrés à la machine.

MACHINES A MOULER

Il existe un très grand nombre de types de machines à mouler et, vouloir les décrire tous, serait impossible et trop long dans cet ouvrage élémentaire. Ils ont d'ailleurs une quantité de points communs et ne diffèrent entre eux que par des particularités de fonctionnement et de construction parfois ingénieuses et heureuses.

Leurs principales qualités doivent être : serrage régulier, robustesse et simplicité des organes, démoulage parfait, accessibilité, manœuvre facile, entretien simple, capacité variant dans des limites assez larges, et surtout pas trop spécialisées, c'est-à-dire pouvant s'adapter à différents genres de travaux.

MACHINES A SERRAGE A LA MAIN

Ce sont les plus anciennes et les plus répandues dans les petites fonderies ; elles donnent la pression par leviers multiples et servent à confectionner les moules de petites pièces ; elles utilisent les plaques-modèles doubles ou réversibles avec ou sans peigne.

MACHINES A SERRAGE PAR PRESSION

Le serrage du sable est obtenu dans ces machines par la pression hydraulique ou la pression d'air comprimé agissant sur un piston, et répartie sur toute la surface du sable du châssis par des plateaux de forme.

Ces machines utilisent les plaques-modèles et peignes divers construits spécialement pour chaque genre de machines ; les châssis interchangeables varient également selon les formes et dimensions qui sont toujours réclamées par ces machines (ronds, carrés, rectangulaires, etc...).

L'emploi de la pression pneumatique (à 6 k. environ) est plus coûteux en France que l'emploi de la pression hydraulique (à 50 k. environ) ; aussi les machines pneumatiques qui nous viennent d'Amérique et d'Angleterre, où elles sont très répandues, sont-elles peu employées en France. En plus de la dépense excessive de force motrice, ces machines pneumatiques n'ont pas la souplesse des machines hydrauliques ; on leur reproche aussi un serrage par chocs, par étapes, au lieu d'un serrage régulier donné par les machines à mouler hydrauliques.

Ces dernières ont un léger inconvénient sur leurs concurrentes ; elles ont à craindre la gelée de l'eau des canalisations, mais ce défaut a un remède bien simple, c'est de faire des canalisations souterraines, de purger machines et canalisations à l'arrêt et enfin de remédier à une négligence grave rencontrée dans la majorité des fonderies ; c'est d'installer un mode de chauffage nécessaire, non seulement aux canalisations, mais, aux ouvriers et au sable qui perd toutes ses qualités par la gelée, point que l'on perd de vue sous prétexte que la coulée échauffe momentanément la fonderie ; il faudrait aussi, soit dit en passant, construire des fonderies qui soient de véritables ateliers, clos et aérés, au lieu d'être bien souvent des sortes de hangars.

L'installation de compresseurs et d'accumulateurs hydrauliques n'est pas d'ailleurs plus encombrante ni plus onéreuse que l'installation de compresseurs et de réservoirs à air comprimé. Les canalisations d'eau sous pression sont en outre plus économiques que les canalisations d'air comprimé, puisqu'elles sont de diamètre moindre que ces dernières ; les fuites y sont plus facilement découvertes que dans les canalisations d'air comprimé, où l'on a vu des fuites invisibles et disséminées absorber jusqu'au quart du débit du compresseur d'air.

Ce sont toutes ces raisons qui militent en faveur de la pression hydraulique en France.

MACHINES A SECOUSSES

Ce sont les dernières venues. Elles ont l'avantage de pouvoir mouler d'après modèles, de grandes pièces simples, faciles à démouler, telles que bâtis de métier à tisser, etc...

Le principe est le suivant : Une table en fonte reçoit des chocs répétés d'un piston, à commande mécanique ou à air comprimé, soulevant la table et la laissant retomber sur le cylindre formant enclume. Sur la table de forme généralement rectangulaire, on pose le modèle et le châssis que l'on remplit de sable ; par suite des chocs répétés le sable se tasse de lui-même régulièrement d'après un procédé analogue à celui de l'épicier qui tasse sa marchandise dans un sac par coups répétés de ce sac sur son comptoir.

L'inconvénient est le rebondissement du sable et le manque de serrage des angles vifs montants.

Une trentaine de secousses est généralement suffisante pour que la partie du moule soit tassée et le nombre de chocs donnés par la machine varie de cent cinquante à deux cent cinquante par minute suivant la capacité de celle-ci et la hauteur de chute de la table qui est de 40 à 50 m/m.

Il existe des machines à chocs amortis évitant les vibrations qui se transmettent autour de la machine et sont parfois gênantes pour les travaux voisins. Les machines à secousses peuvent employer aussi les plaques-modèles qui devront, dans ce cas, être engoujonnées aux châssis. Elles peuvent aussi servir à faire des noyaux longs.

ASSEMBLAGE DES MOULES ET DÉMOTTAGE

L'emploi des machines, en augmentant la production, exige une grande quantité de châssis constituant un poids mort à manœuvrer, sans compter l'amortissement et l'encombrement de matériel. Il est d'usage, actuellement, pour des travaux courants et des pièces à volume relativement faible, où la pression intérieure dans le moule est peu considérable, de retirer le châssis enveloppant le moule en faisant reposer le moule sur un fond en bois qui sert à son transport.

Cette opération appelée démottage, se fait par exemple

en employant des châssis ouvrants ou mieux par une machine genre démouleuse, soutenant le sable par le fond en bois et chassant le châssis par dessous.

Ces machines permettent au préalable l'assemblage ou remmoulage, quelquefois même; elles font partie de la machine à mouler. Elles complètent avantageusement les machines à mouler, mais peuvent être employées dans le moulage à la main.

QUATRIÈME PARTIE

CHAPITRE XVIII

MÉTAUX ET ALLIAGES OUVRÉS EN FONDERIE
APPAREILS DE FUSION

---

a) **Fonte.** — Densité 6,8 à 7,8 tirée du minerai de fer par traitement au haut-fourneau, qui donne la fonte dite de *première fusion*, mal épurée, assez cassante, à grain irrégulier. Cette fonte de première fusion n'est employée que pour obtenir des pièces simples de commerce telles que : conduites d'eau, plaques de regard, articles de bâtiments, etc, qui s'emploient brutes ou presque, et des pièces très volumineuses, telles que chabottes de mouton et de pilon.

Pour la généralité des pièces mécaniques, on emploie la fonte de *deuxième fusion* obtenue en fondant à nouveau les gueuses de fonte de première fusion dans des creusets ou des cubilots. Cette fonte de deuxième fusion, mieux épurée, ayant notamment perdu la plus grande partie de son soufre et de son phosphore, est plus résistante que la première ; son grain est plus fin et plus régulier.

On distingue trois espèces de fonte :

1° *les fontes blanches ou truitées*, très dures à travailler, fondent à 1100° ; elles sont peu employées en moulage à cause de leur solidification rapide ; elles servent surtout à la fabrication de l'acier, leur composition est la suivante :

Fer . . . . . 90 % environ	}	principaux constituants.
Carbone . . 5 à 6 % —		
Manganèse. . 3 à 3,5 % —	}	augmente la résistance du métal, mais le durcit.
Silicium . . 0,8 à 1 % —	}	diminue la résistance du métal, l'adoucit et le rend plus fluide.
Soufre . . . 0,1 à 0,2 % —		toujours nuisible.
Phosphore. . 0,2 à 0,3 % —	}	augmente la fluidité, mais nuisible.

2° *les fontes grises* moins dures et moins cassantes que les précédentes ; ce sont celles employées pour le moulage en général des pièces mécaniques et de quincaillerie en première et surtout en deuxième fusion ; elles restent plus longtemps fluides que les fontes blanches et fondent à 1200°.

La composition des fontes grises de première fusion se rapproche de la façon suivante :

Fer	94 % environ
Carbone	3 à 5 % —
Silicium	1 à 2 % —
Manganèse	0,05 à 0,1 % —
Soufre	0,05 à 0,2 % —

3° *les fontes malléables* ne constituent pas par elles-mêmes une classe à part. Elles sont tirées de fontes blanches ou truitées de première fusion de bonne qualité, contenant aussi peu de soufre et de phosphore que possible et venant assez fluides. Les pièces obtenues après fusion et refroidissement sont recuites à une température de 900 à 1000° pendant 72 heures au moins dans des boîtes hermétiquement closes et contenant un décarburant en poudre (peroxyde de fer) qui enlève à la fonte des pièces une partie du carbone qu'elle contient et par suite, rend le métal moins cassant, lui permettant même certaines déformations à froid, à la presse ou au marteau. Cette décarburation n'est cependant que superficielle et ne peut s'appliquer aux pièces massives.

La fonte malléable est très employée pour obtenir des petites pièces de mécanique, d'automobile et de quincaillerie.

En Amérique, cette fabrication est très étendue. La fusion s'y fait dans des fours à réverbère et la qualité du métal obtenu est telle, qu'après recuit, l'allongement va jusqu'à 16 %, ce qui explique son emploi à la fabrication de crochets de traction et autres pièces de chemin de fer qui sont cependant des pièces de sécurité, faites en Europe, en acier forgé.

b) **Bronze.** — Densité 8,5 à 9,2. C'est un alliage de cuivre, d'étain et de zinc obtenu avec des métaux aussi purs que possible, souvent lingotés avant d'être alliés, afin de les épurer.

Il est employé pour un grand nombre d'usages et principalement en mécanique pour les pièces de frottement telles que coussinets, écrous, etc...

Il se travaille facilement à l'outil et se polit très bien, d'où la douceur des frottements. Suivant sa destination sa composition est la suivante :

Bronze mécanique ordinaire :

Cuivre	85 %
Etain	9 %
Zinc	6 %

On ajoute souvent 1 % de plomb pour rendre l'alliage plus fluide, mais il ne faut pas exagérer cette teneur ; le plomb tendrait à se séparer de l'alliage.

Bronze phosphoreux pour pièces soumises à des efforts de traction et de frottement :

Cuivre	90 ou	84 %
Etain	8 ou	16 %
Zinc	3 ou	0 %
Phosphore	0,1 à	0,15 %

L'introduction du phosphore sous forme de phosphures de cuivre, évite les soufflures et augmente la résistance mécanique de l'alliage, diminuant ainsi l'usure des organes.

Bronze des cloches :

Cuivre	75 à 80 %
Etain	20 à 25 %

Ils sont durs, mais fragiles.

Bronzes d'art :

Cuivre	70 à 85 %
Etain	3 à 5 %
Zinc	27 à 10 %

On recherche surtout la fluidité et la malléabilité dans ces alliages.

Bronze d'aluminium :

Cuivre	94 %
Aluminium	6 %

Métal d'une belle couleur jaune d'or ; au-dessus de 6 % d'aluminium devient cassant.

c) **Laiton**. — Densité 7,3 à 8,6. C'est un alliage de cuivre et de zinc ; on y ajoute environ 1 % de plomb pour rendre l'alliage moins cassant et plus facile à usiner. Sa composition est la suivante :

Cu. Cuivre	60 à 66 %
Zn. Zinc	39 à 33 %
Pb. Plomb	1 à 1 %

Il est employé pour les pièces destinées à être décolletées (robinetterie), et pour une infinité de pièces de quincaillerie.

Comme il ne contient pas d'étain, métal très cher, il coûte meilleur marché que le bronze. La température de fusion des laitons varie de 900 à 950°.

Dans la fusion des alliages, on commence d'abord par fondre le métal ayant le point de fusion le plus élevé en y ajoutant successivement, et dans l'ordre décroissant de leurs points de fusion, les autres composants ; exemple : pour un bronze mécanique faire fondre d'abord le cuivre (1050°), puis mettre le zinc (450°) et ensuite l'étain (230°).

d) **Aluminium.** — C'est un métal de couleur blanche dont la densité est très faible : 2,56. Il est très malléable, assez résistant, inattaquable à l'air et à l'eau douce, attaquable cependant à l'eau de mer. Température de fusion : 625°.

Sa faible densité le fait rechercher dans la construction de pièces pour automobiles, aviation, et partout où la légèreté des appareils est nécessaire. Il sert également à la fabrication d'articles de ménage, employé pur. Pour les pièces mécaniques, on ajoute souvent 3 à 5 % de cuivre.

e) **Acier coulé.** — Densité 7,6 à 7,8. Il s'obtient par la fusion de fonte de première fusion dans un four du genre four Martin chauffé généralement par les gaz provenant d'un gazogène ; la transformation de fonte en acier se fait par une décarburation de la fonte dont une partie du carbone est brûlé par combinaison avec les gaz. Ces fours sont, en général, assez difficiles à conduire et le métal coulé n'est pas toujours très sain. Souvent on ajoute 0,1 à 0,2 % de ferro aluminium pour l'épurer et éviter les soufflures, ces dernières constituant le principal défaut des moulages d'acier. Les pièces sont toujours recuites pour donner de l'homogénéité au métal.

FUSION DES MÉTAUX

La température de fusion des métaux et des alliages est différente pour chacun d'eux. Elle est de

        1200° environ pour la fonte douce,
        1100°   —   pour la fonte malléable,
         900°   —   pour le bronze,
         650°   —   pour l'aluminium.

La température de coulée est toujours supérieure à cette température de fusion. Les différents appareils employés pour obtenir cette fusion sont :

Les *fours à creusets*, dans lesquels le métal, réduit en petits blocs, est placé dans un creuset à base de plombagine, qui peut en contenir de 40 à 60 kg. environ ; ce creuset, manœuvré à la main, avec des armatures et des tenailles spéciales, est placé dans le four chauffé par différents moyens : coke, gaz, huile lourde (fig. 126).

La manœuvre du creuset étant toujours pénible, délicate et dangereuse, on tend à remplacer les fours à creuset par des fours basculants chauffés à l'huile lourde, d'une capacité d'ailleurs plus grande que le creuset (200 kg à 500 kg). La pureté du métal obtenu dans ces fours basculants, où la fusion est faite en vase clos, est supérieure à celle du métal obtenu dans les fours à creuset chauffés au coke, ce dernier procédé donnant lui-

même un métal plus pur que la fusion au cubilot dans
lequel le métal et le coke embrasé sont mélangés, ce qui

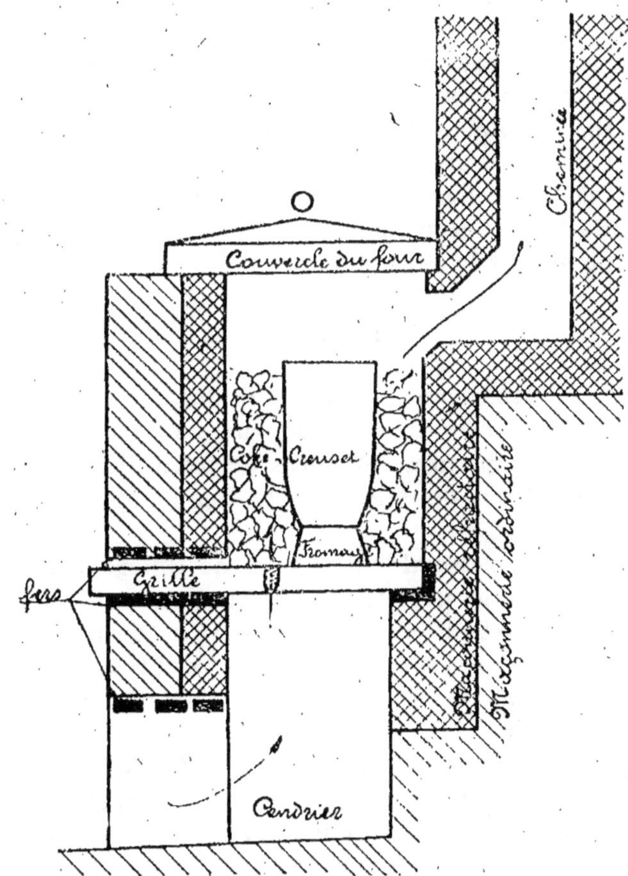

Fig. 126. — Four potager.

amène des réactions chimiques entre les divers consti-
tuants du métal et du combustible.

Le four à creuset et le four basculant ne sont employés que pour de petites fusions, et plus particulièrement, pour le bronze et l'aluminium, mais quand la production est importante, on emploie le *cubilot* ; peu de fonderies de malléable emploient le four à réverbère si répandu en Amérique pour cet usage.

L'acier coulé se fond au four Martin construit à cette fin et conduit par des spécialistes. De tous ces appareils, le plus répandu est le cubilot.

CUBILOT

La fonte de deuxième fusion est fondue généralement dans les cubilots, sortes de hauts-fourneaux en réduction, donnant des productions horaires de fonte liquide variables suivant leurs dimensions et la façon dont l'opération est conduite.

Les cubilots se ressemblent tous et ne diffèrent entre eux que par quelques détails de construction.

D'une façon générale, ils comprennent un corps cylindrique en tôle, reposant sur un *socle*, revêtu intérieurement de *maçonnerie réfractaire*, que l'on répare après chaque coulée (fig. 127).

Le corps se prolonge par une *cheminée* de dégagement des gaz de la combustion. Vers le haut du corps, se trouve une ouverture, appelée *gueulard*, par où l'on introduit alternativement les charges de coke et de fonte pesées d'avance et repérées suivant les qualités de fonte que l'on veut obtenir pour chaque sorte de pièces à couler dans un ordre déterminé, en tenant compte d'une perte au feu de 3 à 5% en poids de métal.

La première charge est une charge de coke qui atteint

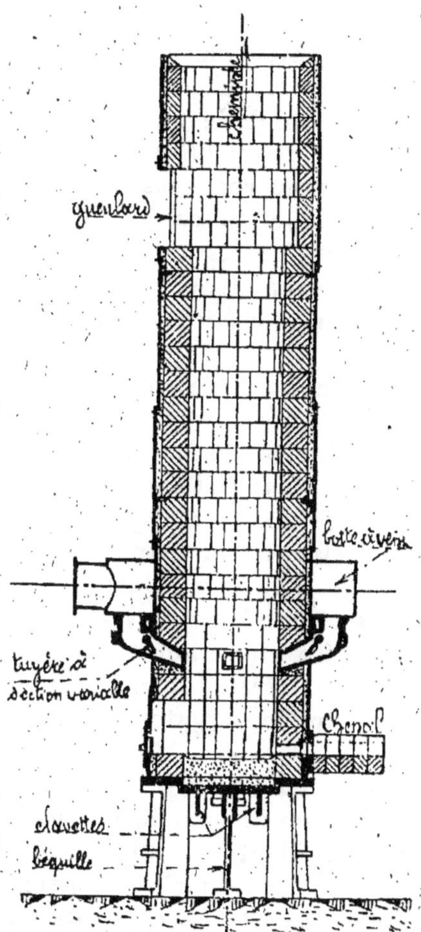

FIG. 127. — Cubilot
(Type de la Maison Bouvillain et Ronceray à Choisy-le-Roi).

une hauteur telle que le lit de coke dépasse largement le dessus des tuyères.

Les charges de fonte comprennent : du bocage, des évents et des coulées des fusions précédentes, des morceaux de gueuse de fonte de qualités différentes suivant les pièces à couler, le tout cassé en morceaux pas trop gros afin d'éviter les accrochages dans le cubilot, ce qui abîme la maçonnerie, et laisse des passages trop importants, véritables cheminées entre les gros morceaux, par où les gaz passent trop rapidement en abandonnant peu de chaleur, d'où dépense plus grande de combustible.

On compte qu'un poids de coke de 9 à 12 % du poids de la fonte est suffisant pour une fusion bien conduite.

Au point de vue de la qualité des fontes, il est bon de signaler que, seule l'*analyse chimique* de celles-ci permettra d'obtenir de bons mélanges, et qu'on ne devrait pas opérer ces mélanges au petit bonheur, méthode qui amène souvent des déboires. Certaines fonderies possèdent des laboratoires particuliers, mais tous les fondeurs peuvent à peu de frais faire faire des analyses dans des laboratoires officiels, offrant toutes garanties, par exemple aux laboratoires du Conservatoire national des Arts et Métiers à Paris.

Ce sont les proportions de silicium et de manganèse que l'on introduit sous forme de *ferro-silicium* et *ferro-manganèse* qui modifient les qualités des fontes de composition connue, en vue du mélange cherché.

Une *plateforme de chargement*, disposée à hauteur convenable du gueulard, facilite l'introduction des charges montées par un treuil ou un ascenseur.

Dans le bas du corps, se trouve une *sole* en terre ré

fractaire siliceuse, qui sert à recueillir la fonte liquéfiée et chaude.

Pour faciliter l'allumage, qui se fait avec quelques fagots de bois sec, et pour activer la combustion du coke et par suite la fusion du métal, une soufflerie, généralement un ventilateur électrique, donnant une pression d'air équilibrant une colonne d'eau de 400 m/m de hauteur, envoie de l'air dans une boîte à vent circulaire, d'où il se répartit par des tuyères dans le bas des charges de coke et de fonte au-dessus de la sole et du bassin. Des regards placés en face des tuyères permettent de suivre la fusion et de décrasser au ringard. La zone de fusion la plus chaude est à environ 0 m,60 au-dessus des tuyères, endroit où les gaz de la combustion donnent leur maximum de chaleur. La fonte entre en fusion au bout de 6 à 8 minutes de fonctionnement de la soufflerie ; la première fonte fondue achève de réchauffer la sole ; elle est souvent inutilisable, parce que trop froide.

Au niveau de la sole se trouve le *trou de coulée* prolongé par un déversoir garni en réfractaire ; en désobstruant ce trou tamponné par un bouchon en terre réfractaire, la fonte liquide, qu'on laisse s'accumuler pour se mélanger dans le bassin, vient se déverser dans les poches de coulée ou les creusets, pour être portée près des moules à couler. La fonte doit être aussi chaude que possible, surtout pour couler des pièces minces ou de peu de volume (éprouvette de coulabilité).

Un *trou de crasse* est ménagé plus haut et à l'opposé du trou de coulée, pour évacuer le *laitier* qui se forme à l'intérieur et surnage sur la fonte liquide au-dessus de la sole. Pour faciliter la formation de ce laitier qui comprend la majeure partie des impuretés de la fonte et du coke, on met à chaque charge une proportion de 2 % de *castine* ou *fondant*, qui est généralement une pierre calcaire.

Un dispositif, permettant d'obtenir une fonte bien épu-

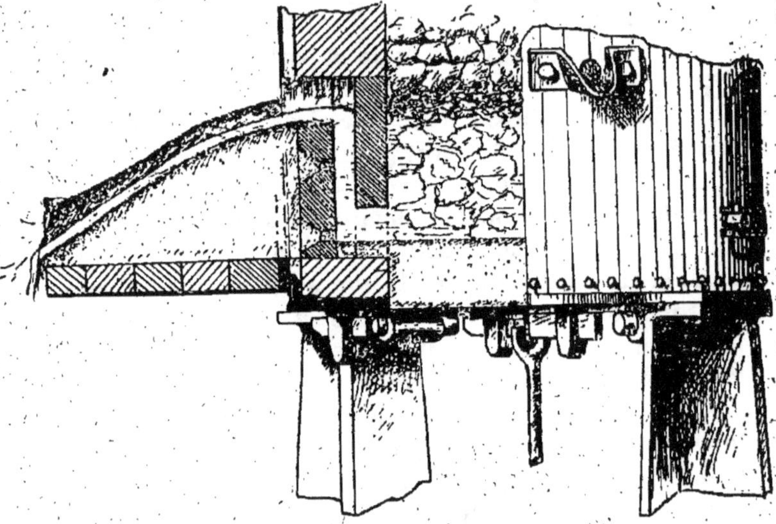

FIG. 128. — Brique siphon.

rée, consiste à remplacer le trou de coulée par une brique-siphon (1) empêchant le passage des impuretés (fig. 128). Aussitôt après la coulée, le cubilot est vidé à fond, puis, après refroidissement, sa maçonnerie et sa sole sont réparées et séchées.

(1) Conférence faite par M. E. Ronceray le 14 décembre 1922 à l'Association technique de Fonderie.

CHAPITRE XIX

ESSABLAGE DES PIÈCES

Les pièces coulées sont sorties ou dégagées du moule avant d'être complètement froides, pour éviter que le sable adhère aux pièces ; il faut cependant éviter, sauf pour une question de retrait, de sortir les pièces encore rouges du sable : leur refroidissement trop brusque leur donnerait une *croûte trempée* très dure et augmenterait de ce fait la difficulté d'usinage.

Après refroidissement suffisant des pièces coulées, les évents, coulées et masselottes sont cassées avec précaution, la section de rupture ne devant pas empiéter sur la forme définitive des pièces. Les pièces sont, après triage sommaire, dirigées sur l'atelier d'ébarbage chargé de les nettoyer et de les apprêter pour la réception ou la livraison.

Le sable des noyaux est vidé des pièces au moyen de tiges appropriées. Les armatures, si elles peuvent servir à nouveau, sont soigneusement rangées.

Le sable adhérent aux pièces était enlevé naguère avec une brosse à main, appelée *brosse à râper*, constituée par des fils d'acier plat. Ce procédé n'est plus guère employé et actuellement, le sable adhérent est enlevé, dans les fonderies modernes, par des jets de sable siliceux sec et à grains anguleux ; ces sortes de cristaux très durs sont lancés avec vitesse par un éjecteur à air comprimé et le jet est dirigé à la main par une lance sur les grosses pièces ou sur une table rotative animée d'un mouvement lent, sur laquelle sont disposées les petites et moyennes pièces.

Ce procédé est très rapide et économise une main-d'œuvre considérable, tout en obtenant des pièces très propres, dont la surface a un aspect décapé. Toutefois l'ouvrier sableur doit se protéger des poussières dégagées, à l'aide d'un casque respiratoire et de vêtements imperméables.

Pour certaines petites pièces peu fragiles, on emploie l'essablage au tonneau tournant.

Les pièces étant essablées sont ensuite ébarbées, à la meule pour les petites et moyennes pièces, et au burin à main ou pneumatique pour les grosses pièces.

CHAPITRE XX

DÉFAUTS DES PIÈCES MOULÉES

Voici les défauts que l'on rencontre le plus souvent dans les pièces coulées, leurs causes et les remèdes à apporter pour en éviter le retour.

Dartres, galles. — Elles ne nuisent qu'à l'aspect ; elles proviennent : 1° de sable arraché soit au remmoulage, soit par une introduction trop brusque du métal liquide dans le moule, introduction dégradant les angles du moule ; soit par un moule malpropre. Veiller au rappuyage des moules avant clavetage ; arrondir les angles du moule qui sont frappés par le jet de métal, s'il n'y a pas d'inconvénient à cela ; changer la position d'attaque de la coulée ou quelquefois sa forme.

2° d'un sable inégalement serré contre le modèle ; la surface trop serrée, ne laissant pas passer les gaz, est soulevée et décollée par la pression des gaz agissant derrière elle dans le sable. Veiller à la régularité de la serre et au tirage de l'air.

Blanc. — Sorte de mousse d'aspect blanchâtre sans inconvénient, provient d'un dépôt de composés alumineux formés par le sable sous l'action de la chaleur

du métal fondu. Examiner si le sable ne contient pas trop
d'alumine.

Surface rugueuse. — Provient d'un lissage mal
fait, d'un sable trop humide ou mal tamisé.

Soufflures. — Bulles de gaz non dégagées du moule
et restées en suspension dans la pièce, principalement
vers le haut du moule. Suivant leur emplacement que
l'on ne découvre souvent qu'à l'usinage, et suivant aussi
leur importance, elles peuvent faire rebuter les pièces.
On remédie à la formation des soufflures par : l'augmentation des trous d'air dans le moule, un serrage du sable
moins énergique facilitant par sa porosité le passage des
gaz, un joint de pâte à l'huile aux portées des noyaux
horizontaux évitant l'obstruction de leurs trous d'air, un
étuvage suffisant des noyaux et des moules, le placement
d'évents sur la pièce.

Retassures. — Concavités à la surface des pièces
ou dans les changements de section ; produites par un
un métal coulé trop froid ou figé avant le dégagement
complet des gaz, par succion au retrait. Il y a lieu de
placer des évents et de pomper dedans, de rehausser les
coulées et évents pour avoir plus de pression dans le
moule et de tirer de l'air aux changements de section.

Refus de métal. — Portion du vide du moule non
rempli de métal ; se produit surtout près des bords de
châssis ; provient d'un sable trop fortement serré entre
le modèle et le châssis, ce qui empêche le gaz de s'échapper à temps.

Reprises : Métal non soudé à lui-même sur une portion plus ou moins grande de la pièce. Se remarque surtout sur les surfaces étendues et de mince épaisseur où le métal a un grand chemin à parcourir pour remplir le moule. Défaut grave rendant souvent la pièce inutilisable. Pour y parer, il faut multiplier les attaques de coulée, couler chaud et rapidement.

Bosse ou forcement : Proéminence de métal débordant la surface de la pièce. Provient de parties de sable pas assez serré qui fléchissent sous le poids ou la pression du métal dans le moule.

Gouttes froides : Premières gouttes de fonte éclaboussées dans le moule, se trempent et restent en suspension dans le métal, elles n'ont d'inconvénient que quand on les rencontre à l'usinage, à cause de leur dureté extrême qui abîme le tranchant des outils. Mettre un culot suffisamment profond aux coulées pour recevoir les premières gouttes de fonte.

Variation. Décalage de la forme de la pièce dans sa hauteur suivant les lignes de joint du moule.

Provient de ce que l'on n'a pas fait faire soleil aux parties de châssis dans les différentes phases du moulage. Veiller au jeu de l'engoujonnement des châssis.

Criques, cassures. — Accidents dus au retrait. Suivant la forme des pièces, dégager certaines parties après la coulée, mettre des évents ou masselottes.

Pourritures. — 1° Impuretés remontant dans le

haut du moule et s'agglomérant au métal. Conséquence d'un métal mal épuré. Placer des évents et des masselottes, employer des coulées d'épuration : jets à crasse, filtre, multiple :

2° On appelle souvent pourriture, mais à tort, des parties poreuses du métal qui se forment principalement dans les angles rentrants des pièces ; cette *porosité* est due à un mauvais dégagement des gaz dans les endroits correspondants du moule ; dans ce cas l'emploi d'évents et de masselottes serait inefficace ; il n'y a qu'à tirer de l'air en suffisance aux bons endroits pour avoir des pièces saines.

TABLE DES MATIÈRES

Vannes. — Imprimerie Lafolye frères et Cie.

LE NOYAUTAGE
en Sable à agglomérant
économise la main-d'œuvre
facilite le moulage
exige un
MALAXEUR
pour préparer le sable
une ETUVE
pour cuire les noyaux
CES DEUX APPAREILS
SONT CONSTRUITS PAR
BERMOND et Cie
FONDEURS
à DOLE
(Jura)
R. C. Dole No 397